Cher péquiste

...et néanmoins ami

Editeurs:
LES EDITIONS LA PRESSE, LTEE
7, rue Saint-Jacques
Montréal H2Y 1K9

Tous droits réservés:
LES EDITIONS LA PRESSE, LTEE
©Copyright, Ottawa 1980

Dépôt légal:
BIBLIOTHEQUE NATIONALE DU QUEBEC
1er trimestre 1980
ISBN 2-89043-045-6

Cher péquiste ...et néanmoins ami

Propos pré-référendaires dans un esprit post-référendaire, par

la presse

Collection Temps présent

*Aux enfants
d'un Canada à réinventer*

« En une nuit, finis les porteurs d'eau! Humiliations terminées! Disparus les voleurs! Finis les gros doigts d'étrangers dans nos papiers de famille! En une nuit!»

FÉLIX LECLERC,
L'Actualité, février 1979

« Je ne prétends pas que les Québécois soient malheureux, qu'ils vivent en esclavage. Ce n'est tout simplement pas vrai. Nous vivons dans l'une des meilleures démocraties du monde; ce que nous faisons serait illégal dans 99 p. 100 des pays du globe. »

CLAUDE MORIN,
ministre québécois
des Affaires
intergouvernementales,
MacLean's, novembre 1979

« Il s'agit certes d'un rendez-vous important du peuple québécois avec lui-même. Cependant, sans en minimiser la portée, il ne faudrait pas pour autant mettre le reste de notre vie individuelle et collective en quarantaine, ni croire que cette décision, quel que soit le sens de la dynamique qu'elle mettra en branle, aura au bout du compte la magie de régler à elle seule tous nos problèmes...

«...Nous gagnerions énormément, tout au cours du débat, à garder un oeil ouvert sur l'après-référendum, pour aménager à l'avance les meilleures conditions de coexistence possibles entre les «oui» et les «non» qui devront continuer, le lendemain, à chercher la voie de leur épanouissement respectif dans le cadre de la volonté exprimée démocratiquement par l'ensemble des citoyens du Québec.»

Alfred Rouleau,
président de la Confédération des Caisses populaires et d'Economie Desjardins du Québec, janvier 1980.

Pré-texte

De quoi se mêle-t-il? diront les légalistes. Un «Anglais», qui aggrave son cas en n'étant même pas anglo-québécois, et qui vient se parachuter dans *notre* débat et *notre* référendum?

Je passe aux aveux: j'aime bien sauter en chute libre quand le paysage est beau et les risques mesurés. D'ailleurs, j'ai l'impression qu'aux yeux du Québécois moyen, être Anglais non-québécois ne représente peut-être pas une aggravation, mais une très légère atténuation, du statut d'«ennemi héréditaire».

Les raisons précises de mon «ingérence»? Puisque vous insistez, les voici:

a) L'électeur malgré lui: les absents ont toujours tort

Au fond, c'est la question même que posera le gouvernement de M. René Lévesque en mai ou juin 1980 qui m'invite à faire l'intrus, comme elle y invite tous les Canadiens. Car la question référendaire ne porte pas seulement sur l'indépendance du Québec (stricte affaire de Québécois si, d'aventure, on posait clairement une telle question), mais sur une indépendance politique supposant une association économique avec le reste du Canada.

Les deux camps en présence au Québec — souverainistes et fédéralistes — reconnaissent spécifiquement la valeur de certaines solidarités pancanadiennes. En fait, ces deux camps tiennent le Canada dit «anglais» pour acquis.

Les fédéralistes, associés au chef libéral du Québec, M. Claude Ryan, ont, en principe sinon dans le moindre détail, raison: ils demandent à leurs concitoyens du Canada anglais de demeurer leurs compatriotes, mais de mieux comprendre le besoin profond qu'ont les Québécois de respirer plus librement et d'ancrer leur liberté collective dans des institutions robustes. Ils proposent de renforcer la solidarité canadienne existante en l'aérant.

Les souverainistes du Parti Québécois, eux, présentent une hypothèse dont la logique me semble moins bien assise sur la réalité : ils demandent à leurs compatriotes canadiens-anglais de cesser de l'être, puis de soumettre la plupart des décisions vitales de leur économie au veto d'un Québec pays étranger. Ils croient pouvoir bâtir de nouvelles solidarités économiques sur les ruines de vieilles solidarités politiques et humaines. Ils séparent — et c'est surprenant chez eux — émotion patriotique et volonté de sacrifice: c'est là toute la différence entre famille et voisins. Tout de même, le PQ insiste (les sondages révélant l'impopularité de l'indépendance tout court aidant?) sur une liaison avec le reste du Canada. Liaison moins dangereuse, sans doute, mais liaison quand même.

Je salue volontiers la soif de dignité qui anime les souverainistes du Parti Québécois; mes contacts personnels, depuis une quinzaine d'années, avec de nombreux indépendantistes de la première heure, à travers congrès, colloques et conversations multiples, m'ont convaincu de la sincérité et du dévouement des militants. Je respecte leur volonté de changement, ainsi que leur audace à poser des questions fondamentales sur notre société.

Ces préjugés favorables mis à part, je dois dire que plus j'examine leur schéma à la lumière des réalités extrêmement complexes et changeantes d'un Canada anglais que je connais assez bien, plus je m'aperçois que leurs raisonnements s'inspirent de situations soit périmées, soit illusoires. Je ne veux pas juger les motivations des dirigeants péquistes; mais quel dommage qu'aucun d'eux (sauf erreur) n'ait jamais ni vécu, ni étudié, ni travaillé dans « ma » partie du Canada !

Or, présent dans les projets des uns et des autres, le « Canada anglais » ne l'est pas du tout, ou presque, dans le débat référendaire. Le cloisonnement étonnant de nos médias anglophones et francophones ne fait rien d'ailleurs pour permettre aux intéressés involontaires hors Québec de dire leur mot sur les options en lice. Cette exclusion d'un litige affectant toute la vie canadienne n'est guère plus réjouissante à supporter quand, ayant le malheur d'être bilingue, on peut lire et entendre ce que claironnent nos amis péquistes sur notre compte : disons qu'ils sont parfois d'un courage exemplaire quand il s'agit de réprimer des velléités de fair-play, d'équilibre ou d'exactitude abusive...

Tout compte fait, j'en suis arrivé à une conclusion: le moyen le plus honnête de respecter la maturité politique des Québécois serait de leur offrir directement, dans l'estime et l'amitié, quelques éléments de réflexion «canadienne-anglaise» qu'ils pourraient greffer sur les messages des deux camps et, par la suite, rejeter, corriger, ou intégrer à leur propre méditation.

Une dernière précision à ce sujet : je ne suis nullement intéressé à faire de l'«antiséparatisme». Je trouve une telle approche au PQ non seulement insultante pour nos concitoyens québécois, mais foncièrement stérile et même — tout comme la réduction de la question patriotique à une histoire de gros sous — triviale.

La seule réponse honorable à la mise en question du Canada par le Parti Québécois est une option supérieure en termes de libertés humaines et de civilisation : une stratégie d'espoir plutôt qu'une tactique de peur. Dans toute critique que je formule à l'adresse du Parti Québécois — et je n'épargne guère non plus ses adversaires — je base mes arguments sur les mérites positifs de l'idéal canadien: non pas celui d'un Canada figé dans toutes ses structures et habitudes actuelles, mais d'un Canada à recréer entre Québécois et autres Canadiens, dans une dignité... « d'égal à égal ».

b) L'égoïsme du père de famille

Le pays dont certains veulent faire deux (car c'est bien de cela qu'il s'agit, à moins de jouer sur les mots) est celui de mes enfants. Ce que le Canada, tout le Canada avec le Québec, a de plus élevé à transmettre à mes enfants (et aux vôtres), c'est, je pense, une tradition de tolérance forgée par deux siècles de vie commune des descendants de Champlain et de Simon Fraser.

Cette tolérance, bien sûr, a été et est encore bafouée à tel moment, par tel groupe et pour telle raison de circonstance; elle n'en est pas moins solide, si solide même qu'elle fait l'envie d'une multitude d'autres pays pour qui notre mot-thème de « compromis » serait synonyme, chez eux, de compromission.

Ne nous y trompons pas : la tolérance dans les sociétés s'apprend au frottement d'opinions, de valeurs, de perceptions, de cultures différentes. L'esprit de clocher dit bien ce qu'il dit; et notre libération collective des pires préjugés s'est faite grâce à une relation accidentelle mais infiniment féconde entre deux des courants humanistes les plus riches du monde.

On peut ergoter savoureusement sur les nombreuses imperfections de cette relation. Nous sommes plusieurs à nous y livrer par métier, frôlant parfois même l'intolérance envers l'intolérance. On ne peut nier, pourtant, l'à-propos et la rareté de notre entente à une époque où toutes sortes de systèmes de pensée étanches coexistent fragilement sur cette petite planète.

c) **Ponctuer le dialogue de sourds**

Ce qui ne cesse de m'étonner et de m'attrister comme journaliste et ancien professeur, c'est de constater à quel point nos « élites », tant au Québec qu'ailleurs au Canada, s'acharnent à perpétuer, et même parfois à renforcer, les stéréotypes que chaque groupe linguistique trouve consolant de véhiculer sur l'autre peuple canadien.

Dans les médias et dans les écoles, exposer des vérités sympathiques, des succès ou des talents chez l'autre peuple équivaut, semble-t-il, à discréditer toute l'autorité de l'Establishment nationaliste... anglais ou français.

Depuis 1960, et sans que les Québécois s'en aperçoivent beaucoup, une nouvelle élite « anglo » assez jeune (disons les moins de 50 ans, pour blesser le moins de monde possible...), cherche à s'ouvrir sur le Québec. Prenez une trentaine des écrivains canadiens-anglais les plus en vue: tous, sauf peut-être un ou deux, sont « branchés » positivement sur le Québec. Prenez un directeur d'école ou un professeur anglophone typique hors Québec, âgé de 20, 30 ou 40 ans: il verra sûrement d'un bon oeil les études québécoises ou les échanges avec le Québec. Prenez la presse canadienne-anglaise: voici bientôt 20 ans que nos quotidiens et hebdos maintiennent de 15 à 20 journalistes permanents au Québec. Entre parenthèses, la presse québécoise (hormis Radio-Canada, société fédérale) a attendu 1978 pour en placer un seul... à Toronto.

Non, tout cela n'est pas du bon-ententisme. C'est une simple question de lucidité pragmatique et de saine curiosité.

Bien sûr, les Canadiens anglophones ne sont pas bénis

d'un angélisme inné. Nous avons, nous aussi, nos troglody-
tes qui, inspirés par la bière et l'évasion temporaire d'une
vie médiocre, trouvent parfois génial de huer, lors d'un
match de football, la version française de notre hymne national. Mais avant de schématiser grossièrement, que les
Québécois sachent une chose : nos francophobes professionnels sont des marginaux ; ils sont rejetés avec honte et
horreur par nos leaders politiques et culturels — voire par
l'ensemble de nos simples citoyens.

On peut évidemment mobiliser quantité d'arguments
d'ordre psycho-politique pour expliquer la volonté féroce
qu'ont certains Québécois d'ignorer ou de déprécier le Canada anglais. Mais dès que l'on présente celui-ci comme un
adversaire digne de devenir un associé, il se pose une question de logique : est-il intelligent de feindre que tout ce qui se
passe au Canada hors Québec est néfaste ou prodigieuse-
ment ennuyeux ? Néfaste, peut-être, de temps en temps ; ennuyeux, parfois ; dangereux, souvent, car les décisions économiques et politiques qui se prennent à Toronto, à Vancouver et, de plus en plus, à Calgary, affectent intimement
— et dans toutes les hypothèses — l'avenir du Québec.
Même « notre » évolution culturelle (voir Marshall McLuhan ou l'architecte Arthur Erickson) peut influencer les
Québécois plus qu'ils ne le pensent.

Il me semble que la première liberté dans un Québec libre devrait être la liberté de l'information — y compris le
droit de connaître intelligemment les compatriotes ou
« associés ». Cette liberté, ce droit, appartiennent par excel-
lence à la jeunesse québécoise, la partie de la population du
Québec qui a été la plus « protégée » d'une image réaliste et
actuelle des 95 p. 100 de Canadiens anglais qui habitent ailleurs qu'à Westmount ou dans les Cantons de l'Est.

Pour taquiner mes amis péquistes, j'ai proposé que l'on
baisse l'âge de vote pour le référendum à 16 ans — mais seulement après avoir offert à chaque jeune Québécois un
voyage de deux mois à travers le Canada. Le slogan de ces
voyages organisés pourrait être « Visitez les Rocheuses pendant qu'elles sont encore à vous ». Mon espoir dans une telle
entreprise serait, bien sûr, de permettre aux jeunes Québécois de se méfier plus lucidement de nous ! Ce livre cher-
chera donc en toute modestie à faire office... d'office de tou-
risme.

d) **Une chance de philosopher**

Tel que le débat s'amorce au Québec et ailleurs au Canada, je crois que nous risquons de rater une occasion historique de revoir tout le sens de notre société. Une chance d'approfondir et de réinterpréter les valeurs de notre civilisation. Car, à en croire nombre de discours de part et d'autre, on est en train d'opposer deux formules d'avocat (souveraineté-association et fédéralisme) ainsi que — très artificiellement — deux facultés de jugement (l'« émotion » péquiste et le « bon sens » fédéraliste).

A mon avis, l'intérêt fondamental du référendum de mai-juin 1980 et des consultations qui le suivront est de permettre un choix entre deux univers de valeurs, entre deux stratégies de civilisation : le nationalisme culturel et l'humanisme supranational. Ce choix est, du coup, une occasion de définir notre insaisissable identité canadienne en implantant dans de nouvelles institutions la dignité égale de nos deux sociétés.

Pour ma part, j'opte pour la vision plus difficile mais incomparablement plus enrichissante d'un Canada supranational, d'un Canada aux fenêtres et aux portes grandes ouvertes entre francophones et anglophones. Plus j'avance dans l'observation des peuples (surtout de leurs enfants), plus je suis convaincu que l'esprit humain est trop aventureux pour être cantonné dans une seule culture. Une culture de base est, certes, une bonne chose, car elle est souvent sécurisante. Mais imposer une optique exclusive sur le monde au nom d'une langue, d'une culture ou d'une croyance quelconque, c'est, à mon avis, étouffer le potentiel de l'individu. Les ministres péquistes, presque tous élégamment bilingues, comprendront sans doute ce rapport entre multiculturalisme et potentiel !

De plus, comme tous les êtres humains, nous avons notre épée de Damoclès : l'arme nucléaire qui, au dire des savants les plus conservateurs, nous donne une chance sur deux ou trois de disparaître dans un holocauste mondial dans les vingt années à venir. Devant de telles perspectives (mises en relief par la vague de réarmement provoquée par les crises d'Iran et d'Afghanistan), nos chicanes sur « fédéralisme » et « confédéralisme » assument une importance un peu moins cosmique. Alors que l'exemple et la voix d'un Canada supranational donnent à nos enfants une toute petite chance de conjurer le pire en offrant un peu d'espoir à un

14

monde ensanglanté par les haines raciales et linguistiques, le constat d'échec de l'expérience canadienne ne pourrait à la longue qu'accréditer l'idée que la nation culturelle souveraine, égoïste et justificatrice de tout, est en diplomatie la seule vérité.

Dans ce contexte d'un très sobre réalisme, et malgré toutes les frustrations et les déceptions qui le sous-tendent, le schéma proposé par le Parti Québécois me paraît rétrograde. Le *smorgasbord* d'appétits qu'est le Marché commun européen serait pour nous un recul (tout comme il l'est par rapport au rêve d'unité européenne de ses pères spirituels, Jean Monnet et Robert Schumann) : il n'apprend guère aux Canadiens à mieux cerner leur humanité commune, ni même à mieux s'épanouir dans la sécurité.

La formule vraiment civilisée, la formule d'avenir qui cumule liberté, stabilité et tolérance, est bel et bien une version améliorée du fédéralisme. Plusieurs des pays les plus spectaculairement libres et prospères en témoignent : les Etats-Unis (tant admirés par les chefs péquistes), la Suisse, l'Allemagne fédérale, l'Australie et... le Canada. Même dans le monde communiste et le Tiers-Monde, ce sont des fédérations qui, compte tenu de leur contexte idéologique, semblent avoir le mieux préservé une certaine démocratie : la Yougoslavie et l'Inde viennent tout de suite à l'esprit.

Il est vrai que, depuis une vingtaine d'années, nos hommes politiques n'ont pas su exploiter la souplesse de notre fédéralisme à nous pour faire une place d'abord au Québec, et, par la suite, à l'Ouest lui aussi en pleine révolution tranquille. Un débat sain exige que les fédéralistes reconnaissent leurs défaillances passées avant de condamner en bloc l'impatience de la fraction de Québécois qui, littéralement faute de mieux, s'est résignée à la sécession.

Néanmoins, j'estime que, vu la complexité de la réalité canadienne, le fédéralisme nous offre à tous, et notamment aux Québécois, des possibilités plus fertiles que toute autre formule d'aboutir à une entente lucide et équitable.

e) L'expérience des remparts

Ayant eu l'honneur et la délectation, pendant plus de sept ans, de me « mouiller » un peu à Ottawa en faveur de l'égalité linguistique entre francophones et anglophones, je trouve conséquent de dire aujourd'hui, avec la même franchise, de quelle façon je conçois leur égalité dans la dignité sur le plan constitutionnel.

Prétention? Illusion? Sans doute. Mais pas plus que celles de mes amis — et je le dis sans un brin d'ironie — du Parti Québécois qui, avec courage et sincérité, se battent pour la même égalité dans la dignité par le biais de l'indépendance.

Tout compte fait, je souhaiterais qu'au-delà de telle « victoire » de souverainistes ou fédéralistes au premier référendum, on se souvienne que, quand deux camps se battent pour deux conceptions d'une telle dignité, les deux groupes sont du coup victorieux.

Voilà quelques justifications très simples de cette brève incursion dans les plates-bandes des Québécois. Quelle conclusion, quel conseil, ai-je à offrir aux Québécois devant la question de ce premier référendum?

Aucun. Et ce n'est même pas par pudeur. Mon abstention tient à deux choses, toutes deux d'ordre conjoncturel. D'une part, la question telle qu'elle est formulée me paraît « décorer » si génialement l'objectif ultime des péquistes que j'ai l'impression qu'on est appelé plus à juger la procédure « étapiste », préservatrice du pouvoir du PQ, que le but fondamental, la raison d'être même, du Parti Québécois: sauf erreur, l'indépendance. En termes de finalité, donc, la question référendaire, tout comme la nostalgie de Simone Signoret, n'est plus ce qu'elle était... lorsque les péquistes ont promis, avant les élections de 1976, de «vider» leur dossier.

D'autre part, la solidité intellectuelle et l'idéalisme réaliste des propositions de M. Claude Ryan et de ses libéraux posent, à mon sens, des questions d'«étapisme fédéral». Seuls les Québécois peuvent mesurer ce calcul: la main de M. Ryan, ainsi que la cause des «deux amours» Québec-Canada, seront-elles plus renforcées par un «non» ou par un «oui» au référendum?

Citons les dangers concevables de chaque choix et, laissant l'alchimie aux Québécois, disons qu'à leur place j'aurais probablement envie de voter à la normande: « P't-être ben qu'oui, p't-être ben qu'non. »

Le précipice du «oui» péquiste est en même temps — secret de Polichinelle — un piège... pour engager les Québécois dans un mouvement «irréversible» vers l'indépendance. La «dernière chance» fédéraliste du «non», pensent quelques-uns, présenterait, elle aussi, un risque: celui d'«endormir les Anglais» et, par ricochet, de retarder la réouverture du cas québécois. Mais en écoutant les échos largement favorables du Canada anglais (ne citons que les gouvernements clés de l'Ontario et de l'Alberta, le *Globe and Mail* et les journaux de l'Ouest) aux projets de M. Ryan, j'ai l'impression que les « Anglais » sont réveillés pour de bon et que cette hypothèse d'une démobilisation constitutionnelle est beaucoup moins vraisemblable que les déclarations d'indépendance anticipées du PQ s'il gagne son référendum*.

Voilà du scepticisme chastement dosé!

Ce que je crois, au-delà de ces petites analyses alambiquées, c'est que la cause du Québec membre à part entière de la famille canadienne est une cause infiniment plus sécurisante, enrichissante et libératrice que le repliement et l'isolement qu'entraînerait la solution péquiste.

Sécurisante? Parce que le Canada anglais, avec tous ses défauts et son incompréhension, offre aux Québécois 17 millions d'alliés contre l'assimilation par les Etats-Unis. Cette mathématique — 5 millions de francophones seuls contre 250 millions d'anglophones ou 23 millions de Canadiens contre 233 millions d'Américains — est neutre et sans appel. Il en va carrément des chances de survie à très long terme de la société québécoise. Avec leurs « alliés » canadiens-anglais imparfaits et parfois rébarbatifs, mais alliés quand même, les Québécois se donnent quatre fois plus de chances d'être encore des Québécois dans un siècle.

Enrichissante? Parce que, si l'on arrive, grâce à l'impulsion souverainiste de M. Lévesque et à la réflexion fédéraliste de M. Ryan, à organiser un pays nouveau où les Québécois pourront se sentir pleinement chez eux, la prochaine génération de Québécois et d'autres Canadiens pourra s'occuper du défi réel que l'histoire nous a légué : celui du respect mutuel, tendant de plus en plus vers la fraternité. Le monde est trop petit, nos deux cultures sont imbriquées depuis trop longtemps, pour que nous rations cette occasion (qui ne me semble pas du tout ridicule) : rouvrir, sur ce continent d'Amérique, le dialogue millénaire que Guillaume le Conquérant a entamé avec les Anglais après la bataille d'Hastings.

---

*Le 8 février dernier, à Toronto, un des députés péquistes les plus francs, Pierre de Bellefeuille, a confirmé l'intention du PQ d'interpréter un vote « pro-mandat » comme « l'approbation en principe » de l'indépendance (« souveraineté-association ») — approbation qui serait « soumise à la réussite des négociations ». *Globe and Mail,* 9 février 1980, p. 4.

Pour des raisons que je comprends, nombre de Québécois sont tellement absorbés par leurs préoccupations internes qu'ils ne jugent pas utile, ni même intéressant, de regarder ce qui se passe tout près d'eux. Réflexe explicable mais non pas de nature à aider les Québécois à trouver la perspective qui, seule, peut aider un peuple à résoudre de vieux problèmes de famille. La politique, la culture, la pensée économique, sociale et même spirituelle doivent, pour jouir des sommets, contempler toutes les vallées alentour. Ortega y Gasset disait : « On ne peut comprendre la littérature de son pays sans connaître celle de son voisin. »

Libératrice, enfin, cette option canadienne ? Parce que la démocratie que nous, Québécois et autres Canadiens, avons forgée ensemble est un bien inestimable qui n'est pas sans rapport avec la nature binationale de notre pays et avec notre forme particulière de fédéralisme.

Les Québécois sont un peuple épris de liberté. Cette passion, jointe à la vieille tradition britannique de démocratie, enfante une civilisation politique qui fait l'envie de l'univers. Les millions de candidats à l'immigration qui se pressent dans nos missions à l'étranger chaque année votent en faveur du Canada, de ses libertés démocratiques et de sa prospérité.

Cette vérité incandescente éclipse toutes les calomnies et les déformations que l'on peut greffer sur nos défauts réels. Elle les dissipe tout comme le soleil de l'aube chasse les dernières brumes de la nuit.

C'est tout cela qui m'incite à éviter l'évasive question référendaire de 1980 mais à inviter passionnément mes compatriotes québécois à répondre « oui » à la question canadienne qui se posera, d'une façon ou d'une autre, quelques années plus tard. Je ne m'« ingère » donc pas du tout dans le vote procédural et psychologique qu'organise le gouvernement péquiste. J'interviens par anticipation, et en franc ami des Québécois, dans le débat de fond qui commence tout juste à s'amorcer entre les thèses de M. Lévesque et celles de M. Ryan : le choix entre le Québec seul et le Québec avec le Canada.

L'accueil généralement sympathique du Canada anglais envers les propositions de M. Ryan annonce une période de négociation âpre mais amicale. La « nouvelle fédération canadienne » qu'envisagent les libéraux du Québec, épaulés sur l'essentiel par l'ensemble des fédéralistes québécois, promet de concilier à un degré inespéré les aspirations longtemps endiguées des Québécois et celles, refoulées elles aussi, de plusieurs régions du Canada—en premier lieu l'Ouest canadien, dont la puissance politique doit bientôt égaler la puissance économique.

J'évoque, en sous-titre de ce livre, un « esprit post-référendaire ». Malgré la nature polémique de certains de mes articles, style imposé par l'événement ou le contexte, c'est au fond la réconciliation que je vise. Celle, bien sûr, entre Québécois et autres Canadiens dans l'estime et l'égalité; celle aussi, je le souhaite vivement, entre Québécois fédéralistes et Québécois... moins fédéralistes.

A cet égard, je n'hésite pas à reconnaître une conjugaison involontaire mais sans doute fructueuse, à la longue, entre les artisans péquistes du « grand déblocage » et ceux, fédéralistes radicaux, qui me semblent destinés à mener à bien la grande restructuration du Canada. Avec un peu de chance, et un brin de générosité de part et d'autre, on pourrait s'acheminer—les naïfs ne sont-ils pas souvent les vrais réalistes ?—vers quelque chose comme la paix des braves.

Si ce recueil se veut un livre d'espoir, c'est en définitive parce que je crois de telles réconciliations possibles, voire indispensables. C'est aussi parce que je crois à l'intelligence et au génie de compromis, mille fois illustré, des Canadiens. C'est enfin parce que j'ai la conviction que si Québécois et autres Canadiens arrivent à mettre au service d'entreprises et d'idéaux communs, ou parallèles, le dixième des énergies qu'ils ont mis depuis vingt ans à s'entre-saper, ils pourront libérer, à leur avantage mutuel, des torrents de créativité et de valeurs humanistes. Voilà, pour les déterministes, le vrai « courant inexorable de l'histoire » qu'il convient d'accélérer!

Dans toute cette réflexion, j'ose croire qu'on m'épargnera des dénonciations de racisme, de terrorisme, de colonialisme et autres crimes de lèse-indépendance dont les « Anglais » seraient collectivement coupables. Je m'accuse d'être né dans une famille orangiste « pure-laine »; mais, depuis mon adolescence, j'ai essayé de faire un peu de chemin. J'espère en faire davantage... et y rencontrer à mi-course, ou même plus loin, beaucoup de péquistes... qui seront demeurés néanmoins de très chers amis.

En attendant ce rendez-vous, j'ai devant notre grand débat la conscience tranquille: je n'ai pas filé à l'anglaise!

Formalités de bon aloi

Fidèle à une honorable tradition de paresse chez les journalistes, ce livre inclut—outre plusieurs textes nouveaux tel ce «pré-texte»—des chroniques et des causeries «pondues» depuis deux ans et demi. Le lecteur reconnaîtra les écueils de cette approche, surtout le danger — que des retouches mineures ont cherché à limiter—de se trouver trop collé à une actualité révolue. Toutefois, pour faire de nécessité vertu, j'espère que l'actualité, même passée, pourra ajouter un piquant nostalgique à certaines interventions, et que la majorité de celles-ci, parce qu'elles visaient un public assez général, demeureront digestibles.

La plupart des textes repêchés ont paru dans *La Presse* de Montréal entre le 1er septembre 1977 et le 30 juin 1979. Les autres sont tirés de sources diverses: colloques, causeries, publications spécialisées et chroniques régulières que je publie dans une vingtaine de journaux du Canada anglais.

J'exprime ma chaleureuse gratitude à M. Roger Duhamel, ami de longue date et directeur des Editions La Presse, pour ses encouragements et ses sages conseils. Je prépare, pour les lecteurs bénévoles de cet avant-propos, bouquets ou blâmes... selon l'accueil que critiques et public réserveront à leurs suggestions. Je remercie enfin Mme Jacqueline Rouah, qui a traduit et révisé avec moi les textes rédigés d'abord en anglais, qui m'a aidé en bénédictine intraitable à organiser ce recueil et qui, en surveillante sympathique, a bien «watché» mon français!

K. S.
le 29 février 1980

1 Entre Stephen Leacock et Yvon Deschamps : à la recherche du mythe fugitif d'une nation sans nationalité

« La règle d'or de la conduite est la tolérance mutuelle, car nous ne penserons jamais tous de la même façon, nous ne verrons qu'une partie de la vérité et sous des angles différents. »

GANDHI

Méditation brumeuse
à Vancouver-Tahiti*

VANCOUVER — Pas un seul de ces fameux colonels britanniques à la retraite; à la rigueur un Gauguin en herbe. Tel est le maigre butin de ces quatre premières semaines passées, métabolisme au ralenti, en notre petite Angleterre, version Tahiti. Pourtant, en contemplant la brume d'English Bay dans son flirt avec la montagne, on se rend compte à quel point cet Eden du Pacifique vous offre une vue incomparable d'un pays étrangement suicidaire.

Mais laissons à ses éternelles angoisses cette nation à la Woody Allen. Pour gagner une perspective, il nous faut aller au-delà des limites de l'ouest et de l'est, peut-être jusqu'en Europe.

En juin dernier, la Hudson Research Europe Ltd. de Paris a publié une étude intitulée : *Europe 1990,* dont le sous-titre, « Tensions régionales et unité nationale », ne peut manquer de faire sursauter un Canadien.

On y avance que la montée du régionalisme dans les pays européens va plus loin que les velléités culturelles d'Ecossais, de Basques, de Catalans, de Flamands et de Bretons. Elle aurait pris naissance dans le débat sur l'aptitude des divers paliers législatifs à équilibrer efficacité économique et sensibilité démocratique.

Toujours selon la Hudson, ce conflit a trouvé sa source en Europe, au lendemain de la Seconde Guerre mondiale, dans deux courants :

—une croissance économique brusque et rapide dont les régions « déjà marquées par des différences considérables de revenus, de niveau de vie et de structures économiques » n'ont pas tiré un profit équitable ;

---

*La Presse, 7 septembre 1977.

—une surabondance de mauvais plans, conçus par les gouvernements centraux, pour pallier ces inégalités. En faisant passer « la nécessité d'équilibrer des intérêts économiques en concurrence avant les souhaits de la population locale », les planificateurs nationaux ont exacerbé les exigences de celle-ci. L'accumulation de retards et de doubles emplois a suscité un vif ressentiment des régions à l'égard des bureaucraties nationales jugées insensibles, lointaines et inefficaces.

Ces bravos enthousiastes qui montent des premières loges, ce sont bien ceux de Richard Hatfield, de Peter Lougheed, d'Allan Blakeney, de René Lévesque et d'une troupe de 3 000 autres premiers ministres provinciaux.

La Hudson ne s'éternise pas sur une troisième force de division, celle de l'incertitude mythologique. Et pourtant, les mythes sont les amarres d'une nation. Le « père de l'Europe », Jean Monnet, a vu son grand rêve européen emporté par la ténacité des métaphores nationales. Il en va de même des Canadiens qui voient leurs régions, notamment le Québec, s'accrocher à des espoirs plus forts et plus immédiats que ceux du Canada.

Faut-il rappeler à ceux que ces considérations mystiques feraient ricaner que bien des meneurs d'hommes ont refait leur pays autour d'un mythe ? Pour Jefferson, ce furent les droits de l'homme aux Etats-Unis, pour Garibaldi, les vieilles traditions en Italie, pour Bismarck, ce fut la sécurité en Allemagne, pour Gandhi, la non-violence en Inde. Qui oserait nier le rassemblement magique qu'opéra de Gaulle autour de sa France « princesse des contes de fées, madone des fresques » ? André Malraux, son « génie préféré », aimait à dire que « l'esprit donne l'idée d'une nation. Mais ce qui lui donne sa force sentimentale, c'est la communauté des rêves ».

Les Canadiens, quant à eux, n'ont même pas pu partager récemment un bon cauchemar — n'osons pas parler d'une illusion de singularité ! Nous avons répugné à forger des mythes salubres qui dépasseraient nos particularités linguistiques et régionales. Dans le contexte du Canada, nous n'avons pas osé fêter ni même reconnaître nos héros, que ce soit ceux du passé ou ceux, plus scintillants, d'aujourd'hui, qu'en d'autres pays on appellerait vedettes.

L'écrivain Margaret Atwood nous a donné peut-être la meilleure approximation d'une valeur qui nous lierait tous, en faisant de la survie (n'est-ce pas typique ?) le thème fondamental du Canada. Relisez l'histoire du Canada anglais, et celle du Québec jusqu'à ces dernières années; nous nous sommes vautrés dans une prose de perdants. Voyez le nouveau client de banque de Stephen Leacock et l'ouvrier d'Yvon Deschamps obsédé par son « bon boss »; ce sont tous deux des anti-héros, « pigeons » faciles pour best-sellers du genre: « Comment j'ai réussi en cognant sur la table. »

Que ce soit dans les livres, les films, ou dans les sciences, les arts ou le commerce, le Canadien a été programmé à ne pas viser bien haut. Pour lui, il est outrecuidant d'exceller, prétentieux de vouloir avancer et vulgaire de réussir.

Qui s'étonnera alors de voir nos passions, si peu ennoblies, sombrer dans la mesquinerie des excommunications réciproques? Selon Harry Bruce, écrivain torontois souvent mis au ban à Halifax, cette attitude résulte de l'« intolérance du village natal ».

On s'étonnera encore moins de voir tant d'écrivains québécois, d'artistes et de communicateurs de toutes sortes imposer leur dignité dans un espace plus chaleureux que celui du Canada. Certes, Ottawa en a lancé plus d'un par ses véhicules « fédéraux »: Radio-Canada, l'Office national du film, le Conseil des arts. Mais c'est le Québec qui a donné du panache à ces véhicules, et non le Canada.

Ottawa s'obstine à parler en banalités du Canada et le Canada, de ce fait, reste un pays banal. Les mensonges de nos hommes politiques sont mensonges d'avocats; rien à voir avec les sympathiques inventions d'artistes. Du reste, Ottawa connaît une recette géniale pour métamorphoser un Fernandel en Mackenzie King.

Que pourrait être notre mythe transcendantal? Mieux encore que le pays « normal » de René Lévesque, il pourrait être un pays exceptionnel, l'un des rares, s'il en est dans ce monde, où deux groupes linguistiques vivraient dans une même dignité. Un lieu bien curieux qui nous libérerait assez de nos rancunes ancestrales pour nous permettre de nous respecter les uns les autres.

C'est beaucoup exiger, même de politiciens-poètes. Mais pour se mettre à la page, nos hommes d'Etat pourraient se promener avec la nouvelle tenue des bâtisseurs de patrie: ce T-shirt déjà populaire sur lequel se trouve (du moins en anglais): « J'en ai assez de chercher la vérité; je me contenterais d'un bon rêve solide. »

Plutôt anodin, diront les gars de la Hudson. Mais moi, je parierais que devant cet habit « inhabituel », les gens de Tahiti-sur-Fraser et ceux d'autres endroits sympathiques de ce bon pays ne taxeraient leurs hommes politiques que d'une seule incongruité : un fulgurant accès de bon sens.

La vitamine PQ*

MONTRÉAL — N'allez pas raconter partout que le gouvernement péquiste est en train de gâter la sauce. Méditez plutôt sur son plus sublime exploit: mettre un peu de piment dans la Journée du Canada (alias Journée du Dominion, Journée de la Confédération ou tout bonnement 1er juillet).

Pour voir l'ampleur de la prouesse, il nous suffit de retourner seulement deux ans en arrière, au 1er juillet 1976

Ce jour-là, fête nationale, ce n'était pas de la rigolade sur la Colline du Parlement — sauf bien entendu dans la Chambre des communes. Le gouvernement, découvrant tout à coup la bure, les cendres et l'ascétisme, décida que pas un seul denier fédéral n'irait se fourvoyer là où il y avait le moindre microbe de gaieté.

Le Canada, comme dans le livre à succès d'Eric Nicols, était « annulé pour manque d'intérêt » bien que les réjouissances aient été torpillées par, prétendait-on, manque d'argent.

Pour rendre la journée parfaitement morne, notre lugubre ministre des Transports, Otto Lang, avait, trois jours plus tôt, cédé au chantage, au sus-aux-Olympiques des pilotes de ligne et des contrôleurs aériens dont la croisade de huit jours (coût: $35 millions) contre le français dans le ciel québécois (et contre les francophones dans un métier « anglais » ?) avait déchiré le pays jusqu'au tréfonds... et contribué à propulser le PQ vers la victoire cinq mois plus tard.

En cette torride et désolante journée pour le Canada, il n'y avait à Ottawa ni feux d'artifice ni chansonniers; on n'entendait que le ronronnement des caméras de télévision pendant qu'on interrogeait les hommes politiques sur le

---

*La Presse, 28 juin 1978.

schisme anglais-français le plus profond depuis la bataille de la conscription en 1942.

Aujourd'hui, tous, des bureaucrates au bon peuple, nous fourbissent une fête nationale canadienne presque à la mode de Tahiti, où les Polynésiens se déchaînent pendant quinze jours et quinze nuits pour célébrer le 14 juillet français.

Nous n'en sommes pas encore à dévoiler nos âmes et nos corps comme les gens de Papeete. En fait, nos tentatives forcenées ont souvent un fort relent de quétainerie. Les publicistes d'Ottawa nous vantent bien haut d'illustres inconnus, nous rebattent les oreilles de refrains-litanies à la radio, nous inondent de slogans franchement dénués de sens (« Le Canada, c'est toi et moi ») et même nous glissent une authentique recette « canadienne » pour les petits fours à l'ananas! Toute cette quincaillerie nous fait parfois regretter l'amnésie patriotique du temps jadis.

Tout de même, pour des Canadiens conformistes et constipés, nous sommes drôlement en train de nous dévergonder. Ottawa claquera cette année la somme folichonne de $4,5 millions en petits drapeaux et autres babioles (un million de plus que l'année dernière) et orchestre en ce moment même une cuite généralisée d'amour patriotique d'une semaine; bref on ne reconnaît quasiment plus le Canada.

Il y a deux ans, si vous parliez de « party » à un Canadien, il traduisait automatiquement « parti politique », seule forme d'orgie autorisée par notre Constitution. Cette année, qu'il habite Montretout-sur-Mer à Terre-Neuve ou Patelin-la-Joie en Colombie britannique, ce même Canadien aura du moins la chance d'évoquer d'autres choses : lever le coude, ou la voix, ou la jambe, et, qui sait, peut-être conter fleurette et trouver une amourette, tout ça pour le Canada.

Comment, exactement, nos amis du PQ nous ont-ils corrompus à ce point? Comment nous ont-ils appris que le Canada, ce n'était pas des pourcentages d'impôts ou des constitutions, mais le rire et l'amour? Voici : en mettant en question notre droit d'aimer le Canada, puis en nous montrant à quel point ils ont l'audace d'aimer le Québec.

De bout en bout, la liturgie du cynisme péquiste voue au mépris l'idée du Canada. M. Lévesque qualifie depuis douze ans le Canada de non-pays rafistolé. Son ministre du Développement culturel, le docteur Camille Laurin, n'ayant jamais ni vécu ni étudié au Canada anglophone, décrète aimablement que la culture canadienne est « hypothétique ».

La conclusion constitutionnelle que le PQ tire de telles convictions — l'indépendance — force partout les Canadiens à repenser et à re-sentir la notion même du Canada. Effrayant pour certains, difficile pour tous, l'exercice peut être salutaire.

Voici des années que, dans ce pays aux extases patriotiques retenues par Mackenzie King et ses ennuyeux disciples, le couvercle mis sur l'amour de la patrie est prêt à sauter. Les moqueries du PQ nous ont incités à mettre en question puis, pour la première fois véritablement, à apprécier notre nation dans toute la grandeur de ses faiblesses et de ses libertés.

Le Canada a également profité du côté coeur-en-bandoulière de l'amour péquiste pour le Québec. Le patriotisme de tout instant que manifestent nombre de Québécois semble parfois obsessif aux étrangers (et pas seulement aux Canadiens anglophones). Il y a beaucoup de vrai dans ce jugement, et il faut y voir le résultat de trois siècles d'âpres luttes où, à l'épreuve de l'isolement, succéda le danger d'assimilation.

L'intensité même de cet attachement à un terroir et à des co-«survivants» n'a pas déclenché l'envie des autres Canadiens mais, par contre et sans aucun doute, le désir de se réchauffer à une flamme patriotique aussi chaleureuse. Donc, malgré toute sa maladresse (l'émotion nous gêne encore un peu), malgré son côté opération-sourire et sa camelote patriotarde, le festival du Canada de cette année doit une fière et longue chandelle au PQ.

Si les dieux sont avec nous, nous continuerons notre libération émotive jusqu'au jour — l'année prochaine ? — où, comme les Français, les Tahitiens et les Québécois, nous rendrons à notre pays le plus doux des hommages : danser dans les rues en son honneur.

Cette année, nous nous contenterons de jogging...

Double vision
pour le Canada *

VANCOUVER — Comme le dieu romain Janus qui a donné son nom au mois de janvier, les perspectives pour l'année nouvelle s'ouvrent à la fois sur le passé et sur l'avenir.

Un survol de l'année politique 1978 au Canada vous montre un pays empêtré dans la mesquinerie et déboussolé par des défis qu'il perçoit comme autant de désastres. En fait, le trait marquant de l'homme politique canadien pourrait bien être son génie — qu'il s'agisse de la langue, du pétrole ou des investissements étrangers — pour transformer les chances en problèmes.

Comme tout peuple, nous avons nos problèmes. Nos 919 000 chômeurs, notre taux d'inflation de 8,7 p. 100, notre dollar à 85 cents, tout ça, c'est du réel. Ajoutons-y, pour compléter le tableau, les souffrances de nos peuples indigènes, nos usines qui s'évaporent, notre habitude de décourager inventeurs, petits entrepreneurs et fermiers, nos deux solitudes, la française et l'anglaise, et nos régions mécontentes.

Mais notre mentalité de croque-mort pousse les choses un peu loin. En 1978, notre vue du Canada s'est embourbée dans des marécages de rivalités hargneuses et de minables récriminations égoïstes.

Dans l'un des meilleurs livres de l'année, *Le Chemin de fer ne suffit pas,* d'Heather Menzies, on entend, d'un océan à l'autre, des voix qui parlent non d'une nation aimée et servie, mais d'un catalogue d'appétits.

La scène politique pour 1979 n'est guère plus reluisante : rien et personne à l'horizon pour nous donner une opinion un peu plus élevée de notre pays. Une élection fédérale met-

---

La Presse, 3 janvier 1979.

tra en relief les mauvaises nouvelles, les promesses extravagantes et les divisions de toutes sortes. Dès le lendemain des élections d'Ottawa, M. Lévesque va lancer une campagne de propagande pour convaincre les Québécois que l'enfer, c'est les autres... Canadiens. Le premier ministre de l'Alberta, Peter Lougheed, et celui de la Colombie britannique, Bill Bennett, réclameront tous deux des mandats pour obtenir une plus grosse part du gâteau canadien ; Bill Davis, le premier ministre de l'Ontario, en fera probablement autant.

La plupart des experts prévoient que l'économie ira de mal en pis. Une récession aux Etats-Unis nous entraînera comme d'habitude dans son sillage. Avec la levée du contrôle des salaires, plus d'un million de travailleurs frustrés vont négocier de nouveaux contrats, et l'on peut s'attendre à beaucoup de piquetages pénibles devant des usines vides.

Mais ce n'est pas en regardant des détails passés ou futurs que l'on a la meilleure vue du Canada. Les vérités les plus profondes nous viennent d'une double perspective : vers l'intérieur et vers l'extérieur.

Pour voir le Canada vers l'intérieur, avec les yeux des autres pays du globe, prenez donc un de ces avions qu'Air Canada et CP Air vous permettent d'emprunter pour visiter tout autre pays que le Canada à un prix raisonnable.

La plupart des étrangers vous montreront que le Canada est l'un des rares pays (il y en a 25 environ sur les 180 du globe) qui offrent à ses citoyens une honnête ration de liberté, d'égalité et de prospérité (pour ce qui est de la fraternité, nous n'en espérons pas tant pour le moment). Un dixième à peine des êtres humains jouissent de nos libertés politiques ; notre système de justice sociale (en dépit de toutes ses défaillances) ne rougit pas de la comparaison avec les modèles scandinaves, et nous offrons à tout individu débrouillard des chances économiques que seuls les Etats-Unis peuvent se targuer de surpasser.

Voulez-vous des exemples ? Droit à la parole à la radio et à la télévision nationales (même pour parler de sécession), droit de publier un magazine sans peur d'être arrêté, droit d'ouvrir votre propre stand de patates frites et d'être votre patron, droit d'accès aux hôpitaux et aux écoles, droit vital, généralement, à un travail bien payé, ou sinon, à des allocations-chômage plus élevées que les salaires des neuf dixièmes de l'humanité.

Nous sommes fiers d'échapper aux classes et aux castes ; bien qu'il soit le premier dans son cas, Ed Schreyer, enfant des campagnes nommé gouverneur général, est un magnifique symbole de nos vues sur l'avancement au mérite.

Ajoutez à tout cela la qualité que les Américains apprécient par-dessus tout chez nous : une société paisible où, grâce à des institutions stables et au respect des lois, nos rues sont sûres et nos moeurs politiques civilisées.

Dans la plupart des pays, un débat sur la sécession d'une province déclencherait l'émeute ; au Canada, la discussion pousse chaque protagoniste à souligner le bon sens et la nature civilisée de l'autre. Ici, quand on entend le mot « indépendance », on ne sort pas son revolver, mais plutôt le vin, le fromage et les agendas, pour poser une demande conjointe au Conseil des arts en vue d'organiser un colloque.

Mais c'est en regardant vers l'extérieur que nous aurons l'occasion de voir dans le Canada autre chose que 23 millions d'égoïstes.

Pour commencer, si nous méditons sur le Liban, Chypre, l'Irlande, l'Ouganda ou l'Indochine, parmi une centaine de foyers de haine, nous verrons que si le Canada peut revendiquer un prix d'originalité, c'est bien comme modèle de coopération à peu près respectueuse entre traditions différentes.

Nous tenons là la différence fondamentale entre le pays étroit, unilingue et soi-disant « normal » que veut René Lévesque et le pays accueillant, ouvert et « exceptionnel » que Québécois et autres Canadiens pourraient bâtir ensemble.

Ensuite, le Canada pourrait rehausser sa vocation pacifique en redécouvrant l'idéalisme lucide de la politique étrangère de Lester Pearson : un rôle actif pour le maintien de la paix, doublé d'une aide considérée comme porteuse de dialogue avec le Tiers-Monde.

Les mini-Metternich de l'entourage de M. Trudeau l'ont persuadé, il y a dix ans, d'abandonner cette approche, naïve selon eux. Les naïfs, c'était eux. Ils ont dépouillé notre politique étrangère de tout ce qui pouvait canaliser nos énergies ou élever nos esprits. Résultat : la plupart des Canadiens croient aujourd'hui que la diplomatie est triviale.

Finalement, notre nombrilisme incessant sur « l'avilissement de la reine », le rapatriement de la Constitution, les pouvoirs accrus aux provinces ou la victoire au référendum québécois, nous a fait perdre de vue une perspective qui rapetisse immédiatement toutes les jérémiades et tous les griefs du Canada en l'an de grâce 1979 : un conflit nucléaire.

Selon certains observateurs de poids, nos enfants ont grosso modo une chance sur deux de griller vifs dans les vingt ans à venir. Pendant que nous pleurons dans notre champagne sur les mauvais tours que Dame Fortune a joués aux Canadiens, nous négligeons les problèmes — nationalisme, intolérance, cupidité — qui pourraient déclencher l'horreur, et notre indifférence paraît pathétique, voire criminelle.

Non que nous puissions à nous seuls conjurer une tragédie universelle. Mais, comme le dit la Charte de l'Unesco, « la guerre commence dans l'esprit des hommes ».

Rêvons un peu : imaginons, juste un moment, un Canada en harmonie avec lui-même et engagé dans le monde pour la paix. L'exemple pourrait, sait-on jamais, renforcer un tantinet et partout l'espoir que, pour nos enfants, il y aura encore des dizaines et des dizaines de mois de janvier.

Aveux d'un vicieux en France*

On parle du vice anglais, du mal français; il y a la maladie canadienne qui est l'obsession de la procédure en matière de fédéralisme.

L'histoire classique qu'on raconte est celle de trois aveugles devant un éléphant: un Français, un Allemand et un Canadien. Le Français dit: « Tiens, voilà les éléments d'un excellent boeuf bourguignon! » L'Allemand s'écrie: « Tiens, voilà un candidat pour les Jeux olympiques! » Le Canadien cogite: « Est-ce que cela relève de la compétence provinciale ou fédérale? »

On met constamment la tuyauterie avant la poésie... Nous avons donc des institutions illogiques, parfaitement illogiques mais qui marchent tant bien que mal. Et c'est peut-être préférable à une logique pure qui ne marche pas.

Parmi les mythes unificateurs que l'on peut retrouver dans la littérature canadienne, il y a celui du non-américanisme, celui de la survie, et celui de la vertu. Nous ne savons peut-être pas ce que c'est qu'un Canadien, mais nous savons qu'il n'est pas américain. S'il y a, ensuite, un thème qui prédomine dans la littérature canadienne-française, c'est bien l'idée de survie: un des premiers poèmes, *Le drapeau de Carillon,* évoquait de façon presque larmoyante le renversement de l'autel et du trône. Dans la littérature canadienne-anglaise, la survie est également le thème principal, comme cela se voit dans l'anthologie de Margaret Atwood. Figurez-vous que le best-seller de l'an dernier au Canada anglais était l'histoire très poétique de l'amour entre une femme et un ours. Cela illustrait l'idée qu'il faut bien savoir survivre, mesdames, si vous tombez amoureuse d'un ours.

---

* Intervention sur les ondes de Radio-France, mars 1979.

Le troisième mythe, le plus ironique des trois, c'est celui de la vertu. C'est aussi un mythe réactif à l'égard des Etats-Unis. C'est l'auréole d'une indignation morale, parfois hypocrite, qu'on retrouve dans notre attitude envers la guerre au Vietnam. Le Canada, tout en se considérant à l'extérieur du conflit et supérieur aux Américains sur le plan moral, en profitait pour vendre des armes aux Etats-Unis et récoltait les jeunes fuyards et les insoumis de l'armée américaine, du moins ceux qui avaient de l'instruction...

Causerie dans un sauna spirituel*

Permettez-moi de résumer ce qui s'est dit cet avant-midi, de changer un peu le contenu des interventions, constructivement et sympathiquement, je l'espère, pour montrer comment le Québec, d'une part, a essayé de se mettre un rêve au ventre et de le réaliser, et ce que le Canada anglais, d'autre part, a pour rêve. Ce que je veux dire, en fin de compte, c'est que ce tissu commun de médiocrité et d'angoisse constitue peut-être ce que nous cherchons tous à découvrir.

M. Marcel Rioux, vous avez invoqué le 15 novembre, comme tout le monde, et vous avez parlé du début d'un temps nouveau, de la fin d'une innocence. Vous avez rappelé, à juste titre, que les Québécois, même les fédéralistes au Québec, se sentent dans une certaine mesure confiants. Il y a un sentiment d'exaltation, d'espoir même, teinté d'angoisse, et pour cela, je pense, nous sommes tous pleins d'admiration. Je pense que, tout compte fait, qu'on soit péquiste ou non-péquiste, on doit reconnaître avec admiration que le Parti Québécois, pour la première fois dans l'histoire du Québec, a osé dire non à la peur. Quelle que soit votre orientation politique, c'est là un excellent point de départ pour forger un sentiment communautaire.

Tout en reconnaissant cette soif de dignité et d'affirmation de soi qui sera toujours le grand bienfait du 15 novembre, je voudrais reprendre un autre côté de ce rêve péquiste—ce rêve de dignité, cette soif d'affirmation—et c'est le côté illusoire de la mythologie du Parti Québécois que je voudrais reconnaître. Ayant récemment eu l'occasion d'écouter le docteur Camille Laurin, psychiatre reconnu, je pense

---

*Commentaire-réplique, Congrès « Options », Université de Toronto, 14 octobre 1977.

qu'il y a une petite pointe de paranoïa et d'irréalisme dans la perception péquiste de l'univers canadien. D'abord, l'irréalisme. Je pense que, tout tapissés de diplômes qu'ils soient, ces braves messieurs et même les dames du Conseil des ministres du Parti Québécois, du gouvernement du Québec, souffrent terriblement de myopie dans leur perception du Canada anglais. Quelqu'un, dont j'oublie le nom, a parlé de façon très injuste, il y a quelques années, des Rhodésiens de Westmount. C'était tout à fait injuste et, quand même, je vois dans mes conversations avec des amis du Parti Québécois qu'ils en sont réellement persuadés, que leur optique du Canada anglais ne dépasse pas tellement la West Island. Ils ne sont pas allés très loin... ils sont allés très loin aux Etats-Unis, à Harvard, Oxford, Cambridge, mais jamais à Toronto, à Vancouver, ni à Winnipeg, Moncton, si vous voulez. Ils connaissent très, très, mal le Canada anglais, et pas du tout au nom du bon-ententisme, mais au nom de la lucidité pour leur propre cause, je pense qu'ils vont beaucoup souffrir de cette myopie, parce qu'ils deviennent prisonniers de leur propre mythologie selon laquelle les anglophones sont tous des capitalistes éhontés, dominateurs, sûrs d'eux, etc. Cette conception des choses représente, je crois, le premier danger dans le côté illusion du rêve péquiste.

La deuxième chose qui me préoccupe, c'est le côté paranoïaque, et je choisis ce mot à dessein; c'est blessant, j'en conviens, mais je me permets de le dire en toute amitié, professeur Rioux, vous m'avez rappelé ces côtés un peu paranoïaques; ce n'est pas du tout une remarque personnelle; je fais allusion ici seulement à la mythologie péquiste, je vous assure. Vous avez parlé de terrorisme économique. Pour moi, c'est la réaction, le réflexe classique des meilleurs penseurs péquistes. Si vous examinez le vocabulaire politique du Parti Québécois, ça rappelle étrangement la dissertation de George Orwell sur le vocabulaire politique en anglais. C'est plein de mots révélateurs. Les mots-clés sont essentiellement « inévitable » et « normal ». C'est comme si, tous les matins, le Conseil des ministres se réveillait, se brossait les dents avec du Pepsodent et se gargarisait avec le mot « normal » pour se rassurer que son entreprise était en effet normale. Je suis mauvais psychologue, mais j'ai l'impression que quand quelqu'un se met à se gargariser aussi souvent (lisez les discours, ils sont absolument bourrés de ce mot-là), pour moi ça trahit une insécurité profonde. Si on est vraiment normal, si ce qu'on fait est tellement normal, on n'est pas obligé de s'en gaver dix fois par jour. Sans méchanceté, je pense qu'il faut réellement se méfier de cette attitude-là parce que, à la longue, elle va lasser le public et que quelqu'un risque de nous lancer une satire sur le dernier pays à être normalisé; c'était la Tchécoslovaquie en 1968. Cette corrélation est sans doute méchante, mais dans un sens elle rappelle le danger d'une intoxication collective orchestrée par un gouvernement qui, avec un excellent sens de la psychothérapie de masse, est en train de collectiviser l'esprit et les émotions du peuple québécois à un degré dangereux pour la lucidité même de la thèse péquiste. Je pense que la thèse des péquistes repose sur des fondements sérieux et mérite d'être examinée avec soin, mais j'ai bien peur que la campagne d'intoxication annoncée tout récemment dans chaque quartier, dans chaque famille même, figurez-vous, soit une entreprise qui risque de rendre mythologiques tous les aspects sérieux du programme du PQ et donc d'entraver un dialogue lucide. Voilà donc pour le côté du rêve qui, à mes yeux, représente chez les péquistes une angoisse déguisée, tapissée du mot « normal ».

La même angoisse se retrouve au Canada anglais. C'est déguisé, c'est feutré, mais c'est réel. Côté Canada anglais, le professeur John Meisel nous a offert une analyse brillante, comme à l'accoutumée, de toutes les nuances possibles, et je pense que sa communication constituera pour nous tous, qui nous intéressons à ces questions, matière à réflexion pour les prochaines années. La seule chose avec laquelle je ne suis pas d'accord, professeur Meisel, dans ce que vous dites, c'est l'idée que vous avez commencé à nous dire que nous devrions rechercher quelque chose. Je ne suis pas d'accord. Je prétendrai plus loin que la recherche elle-même est la réalité de ce que nous cherchons.

L'angoisse que nous exprimons, que nous mobilisons et que nous institutionnalisons au Canada anglais est le tissu dont est fait notre folklore. Je ne veux pas donner l'impression d'être cynique ou désinvolte, mais je suis d'avis que nous devons prendre garde de faire, de la recherche elle-même, une institution. Je crois que, dans toutes les teintes de notre perception de l'autre, nous ne devrions pas perdre de vue le fait que ce qui nous angoisse, c'est peut-être nous-mêmes. En fait, *notre identité, c'est la crise d'identité que nous traversons*, et c'est une chose que nous devrions reconnaître et accepter. Au Canada anglais, nous devrions tout simplement dire: « Reconnaissons que c'est ainsi que nous sommes et que notre devise nationale est Liberté, Egalité, Médio-crité. » Nous voici aux prises avec une crise d'identité d'ado-lescent, et les douleurs sont en train de nous faire crever. Et pour un tas de raisons historiques, nous sommes incapables de prendre le dessus. A l'opposé, dans notre coin, nous nous livrons au même gargarisme avec le mot « normal » que le Parti Québécois impose aux Québécois.

Notre psychothérapie à nous, ce sont les colloques sur l'identité canadienne. Nous n'avons pas encore de parti ca-pable de nous imposer ces messages, de nous faire étendre sur le sofa du psychanalyste et de nous dire que nous som-mes normaux. Etre traité de la sorte, c'est peut-être correct, mais ce comportement laisse entrevoir une orchestration massive de l'opinion publique et une espèce d'intoxication des masses. Je crois que les abus se feront jour dès les dé-buts de la campagne du référendum. Les choses deviendront tellement polarisées et les slogans seront tellement nom-breux que la vérité en sera la première victime. Elle l'est déjà. Les excommunications réciproques et la publication de comptes nationaux contradictoires se feront extrêmement compliquées, et on déformera la vérité.

Le professeur Meisel nous a donné un excellent outil pour la recherche, un outil valable pour la mensuration et pour la compréhension des événements actuels; mais j'es-père que nous ne perdrons jamais de vue le contexte sui-vant: nous ne trouverons *jamais* d'identité. On lit souvent sur les pare-chocs des automobiles le message suivant, ap-paremment sur la foi religieuse: « Je l'ai trouvée ». D'autres claironnent: « Je ne l'ai jamais eue », ou « Je n'en ai pas be-soin » ou encore « Je l'ai perdue quand j'avais 16 ans ». Je prétends donc que la recherche et l'angoisse elles-mêmes sont ce que nous cherchons à découvrir. Nous ne devrions pas nous dire que la recherche ira plus loin, car on sait qu'elle ne le fera point.

La troisième chose que je tiens à signaler dans mon ana-lyse des communications de nos deux professeurs, ce sont les points sur lesquels nous pourrions élaborer une cause commune et la nature possible de celle-ci. Tout d'abord, Ot-tawa ne me semble plus être la source des solutions. De l'ex-trême Ouest où je me situe, je vois Ottawa comme une pri-son, ce que je n'avais jamais réalisé auparavant. Ottawa est aux prises avec la campagne du référendum et les meilleurs esprits d'Ottawa vont passer à peu près 80 pour cent de leur temps et de leur énergie à faire la guérilla journalière avec

Lévesque. On a déjà appelé ça la «fusillade de Dawson City» ou la «partie de poker». Ce n'est pas là une manière de faire très constructive; c'est comme le lent déroulement d'une tragédie grecque: il nous faudra peut-être deux ou trois ans avant de devenir très impatients. Après un référendum et un contre-référendum et après une élection et une contre-élection, les gens diront: «Assez, ça suffit! On a les nerfs à fleur de peau. Bâtissez donc!»

Donc ce n'est pas d'Ottawa que proviendra le moindre rêve réalisable. Les deux dernières tentatives ont constitué une certaine vision nordique, M. Diefenbaker ayant eu un rêve qui est un peu devenu un mirage de son vivant même, et M. Trudeau ayant eu un rêve tout aussi noble de réforme linguistique, rêve que, je me dois d'avouer, j'ai personnellement aidé à construire. Ce rêve représentait, finalement, une ambiguïté. Pour les francophones, il voulait dire: «Nous, les francophones, aurons notre place dans l'administration fédérale.» Chez les anglophones, ce rêve, en code bien sûr, voulait dire «on va mettre les francophones à leur place. Le bilinguisme pancanadien pourra nous amener à étouffer l'autre côté de l'équation linguistique d'André Laurendeau, la place du Québec à l'intérieur du Canada. En d'autres mots, nous pourrions éliminer toute possibilité de statut particulier pour le Québec.»

Voilà donc pourquoi on ne peut s'attendre à ce qu'Ottawa nous offre un rêve qui rallie tout le monde. Il reste les autres provinces, alors? En effet, dans les circonstances présentes, cela semblerait la source logique d'un tel rêve. C'est comme ça que le Canada a été bâti, de colonies devenues provinces pour peut-être finalement devenir des régions. L'une des meilleures analyses qu'il vous sera donné d'entendre au cours de la présente conférence sera celle de Stanley Roberts, de la Canada West Foundation. J'ai parcouru son texte, et je pense que vous n'auriez pas tort de taquiner nos amis de Canada West pour nous avoir conviés à une grande partie nationale de *Monopoly*. Cela sent étrangement les Parker Brothers; on vous parle de nouveaux marchés, de joueurs, de jeu, de listes de vérification et d'échanges. Aux yeux des romantiques incorrigibles de la nationalité, cela semblera d'une grossièreté inacceptable. Il faudra décidément que les hommes d'affaires de Canada West s'adjoignent un poète à leur conseil d'administration. Mais, à peu près trois ans après le référendum, j'imagine que nous rebâtirons un Canada composé de régions, sans doute cinq, dans lequel il y aura dualité en certaines matières linguistiques et culturelles, mais les bases économiques et politiques seront nécessairement régionales. Donc je ne crois pas que ce sera des provinces que proviendra notre grand rêve pancanadien.

Troisièmement, ce genre de colloque ou de conférence peut beaucoup faire, non pas sur le plan de la psychanalyse, mais sur celui de la psychothérapie. Je ne crois pas que nous trouvions la réponse, mais je sais que, après cette séance, nous nous sentirons tous mieux. Et je vous assure que je suis loin de vouloir faire une caricature ou une parodie de la présente conférence ou d'autres rencontres semblables. Ce que je veux faire ressortir, c'est que ces dernières font partie intégrante de notre bien-être émotif national. Il nous faut en organiser parce que nous sommes ainsi faits, voilà tout.

L'autre mythe, le seul qui puisse marcher, est celui de notre tragédie commune. Je ne parle pas de l'enquête Goldfarb, mais bien d'une crise économique réelle. Je ne suis pas économiste, ni encore moins un alarmiste; mais je lis le « Report on Business » du *Globe and Mail,* et je vois sombrer le dollar; mes amis me disent qu'ils s'ouvrent des comptes en banque aux Etats-Unis. Cela, hélas! pourra nous prendre par surprise un de ces jours, pendant que nous tiendrons nos conférences, pendant que le Parti Québécois fera sa psychothérapie, pendant que nous débattrons au Canada anglais. Nous pourrions bien nous retrouver avec une crise économique instantanée sur les bras. Ce qui a ouvert les yeux à des profanes aussi peu avertis que moi, ce sont les vérités que s'est fait dire Bill Davis, premier ministre ontarien, par les Japonais l'autre jour. Le rapport de l'OCDE et celui du Conseil des sciences du Canada nous avertissent que nous n'aurons pratiquement pas la moindre industrie manufacturière qui soit compétitive dans très peu d'années et que même nos richesses naturelles ne seront pas en mesure de supporter la concurrence. Cela constituera peut-être le mythe qu'on nous imposera, ou mieux encore, le cauchemar commun. Si nous sommes en mesure de partager un rêve, peut-être pourrons-nous partager la même adversité et trouver quelque chose de commun là-dedans. Ce n'est pas le genre de chose que j'espère voir se réaliser, mais c'est ce qui, à mon sens, s'annonce.

Finalement, j'aimerais reprendre ce que Les Harris a dit à propos de la perception des provinces atlantiques. Il a mentionné qu'Ottawa est la source de tous nos problèmes;

je ne suis pas de cet avis: Ottawa est le miroir de plusieurs de nos problèmes. Mais si nous tenons à aller plus loin que l'angoisse pour le plaisir de la chose, je crois que nous devrions reconnaître la problématique d'Ottawa, y faire face et même presque y trouver plaisir en disant «Nous l'avons trouvée!» ou en parodiant le slogan de la BOAC: «La moitié du plaisir est en chemin» et même en ajoutant «Tout le plaisir est en chemin». Passer par les angoisses de tous les Woody Allen du monde sur le sofa du psychanalyste, voilà ce que c'est, en définitive, d'être Canadien. Au sens plus large, reprenons le mot de Les Harris: devenons une nation de Newfies. Les gens de Terre-Neuve sont parmi les rares peuples du Canada à savoir, sans la moindre politique, qui ils sont. Ils adoptent l'attitude effrontée suivante: «Nous sommes ce que nous sommes, et si ça vous déplaît, tant pis!» C'est comme Clark Gable dans *Autant en emporte le vent*: «Franchement, ma chère, je m'en fiche.» Ils ne tiennent pas de conférences. Ils ne passent pas par l'angoisse des crises d'identité. Ils savent qui ils sont.

Connaissez-vous l'histoire du scorpion traversant le Nil sur le dos d'une grenouille? Le scorpion traversait le Nil sur le dos de la grenouille parce qu'il ne savait pas nager, et au milieu du fleuve, il pique la grenouille. La grenouille lui dit: «Pourquoi diable as-tu fait ça? Maintenant, on va tous les deux se noyer.» Et le scorpion de répondre: «Je le sais, mais je n'y peux rien, c'est ma nature!» Il nous faudra aller presque aussi loin. Il faudra que nous cessions de nous psychanalyser et que nous jouissions sans complexes ni remords de notre angoisse. N'y voyez pas une attitude désinvolte. Disons-nous simplement pour l'amour du ciel: «Nous l'avons trouvée, c'est notre identité!» Si nous pouvons en arriver à nous affirmer nous-mêmes avec sérénité, avec confiance, avec bonne humeur et sans gêne au Québec et au Canada anglais, alors nous pourrons finir par faire une vertu de notre antagonisme. Pour revenir à la langue de la psychothérapie, si nous pouvons mettre en commun nos névroses, nous aboutirons peut-être à quelque chose comme une «tension créatrice».

Paroles en l'air*

Vous vous demandez encore si le Canada est si spécial que cela? Souvenez-vous d'un détail: dans les autres pays, le Parlement se prononce sur de grands problèmes moraux comme la peine de mort ou l'avortement. Au Canada, on va voter sur la langue — ou les langues — du contrôle du trafic aérien.

La semaine dernière, le ministère fédéral des Transports a apporté un souffle tardif de bon sens dans la tornade qui, pendant la canicule de juin 1976, avait profondément déchiré le Canada. Cinq mois plus tard, les pilotes se mirent en grève pour protester contre le bilinguisme dans l'aviation au Québec: l'antagonisme franco-anglais était attisé et, grâce à lui, en grande partie, René Lévesque allait remporter une victoire éclatante aux urnes.

Le rapport du ministère doit encore être discuté par une commission d'enquête composée de trois juges; il sera ensuite débattu au Parlement. Le rapport se base sur 18 mois de tests simulés portant sur Dorval et Mirabel, les deux seuls grands aéroports — avec celui de Québec — à être affectés.

Les tests — dont on ne peut contester l'autorité technique — démontrent que le contrôle bilingue du trafic aérien au Québec «n'aura aucun impact préjudiciable à la sécurité»; qui plus est, avec certaines nouvelles procédures, le contrôle franco-anglais des airs pourrait même, ajoute le rapport, amener «quelques améliorations dans le système de sécurité».

Ce jugement sans ambages est précieux. Pourquoi? Jusqu'à présent, le débat sur la sécurité et la langue dans l'avia-

---

*La Presse, 10 janvier 1979.

tion s'est empêtré dans des marécages de confusion (en partie délibérément entretenue). Déjà, plusieurs préparent des livres sur notre guerre sainte des airs, des pages pleines de qui, de quoi et de pourquoi, mais d'ores et déjà les grandes lignes sont évidentes :

— *La question technique:* le noeud et souvent le prétexte de l'affrontement. Bien que l'on ait, chez francophones et anglophones, essayé de faire croire que le problème de la sécurité aérienne était clair comme de l'eau de roche, c'est en fait un vrai casse-tête.

On aura beau trouver des slogans (« L'anglais est la langue internationale de l'aviation ») ou brandir des règlements internationaux (sur l'utilisation de la langue normale du sol plus l'anglais), un fait reste certain: jamais la vérité sur la question technique n'avait été abordée en termes spécifiquement canadiens.

Les exemples de New York et de Paris ne pouvaient pas vraiment nous indiquer ce qui convenait le mieux à Montréal: la densité du trafic, le mélange d'appareils privés, commerciaux et militaires, la formation et les capacités linguistiques de pilotes et contrôleurs, la terminologie, l'équipement radar et radio, et même notre climat désolant, tout réclamait une solution maison.

En stricts termes de sécurité, deux dangers également graves étaient à éviter: précipiter l'introduction du bilinguisme dans les tours de contrôle montréalaises ou refuser d'admettre que la chose puisse même être concevable. Quelques pilotes francophones vont sans doute rechigner contre les échéances que l'étude du ministère des Transports assigne au bilinguisme pour l'ensemble du Québec (sept à huit ans, contre onze semaines seulement pour Montréal) ; l'étude en question tente au moins de définir une solution sur mesure à la sécurité de passagers et équipages au Québec.

— *La question culturelle:* tout comme les rancunes anglophones, l'humiliation francophone était clairement la séquelle du conflit entre la renaissance culturelle québécoise d'après 1960 et les vieux stéréotypes sur les rapports franco-anglais.

Après avoir investi une quinzaine d'années pour étoffer leur instruction scientifique et technique longtemps négligée (voir le rapport Parent), les Québécois ne pouvaient accepter de jouer les sous-fifres dans une sphère technologique aussi prestigieuse que l'aviation. Il leur fallait savoir que

44

leur langue maternelle était respectée dans la cabine de pilotage et la tour de contrôle: question de simple dignité...

Du côté anglais, on était souvent peu au courant des hauts faits québécois de l'aviation (Roméo Vachon, l'escadrille Alouette de la Seconde Guerre mondiale), et la proposition du français dans les airs heurta en plein de vieilles images: les réussites techniques des Québécois n'étaient tout bonnement pas encore notoires.

La surprise fut donc grande chez les Anglais lorsque apparut une nouvelle génération de Québécois inspirée par de grands noms de la science comme Pierre Dansereau et Fernand Séguin (reconnus à l'étranger, mais ignorés au Canada anglais). Beaucoup de Canadiens anglophones, y compris des pilotes et des contrôleurs, se mirent à l'abri derrière des slogans réconfortants sur la volonté divine: l'anglais, déjà langue des cieux, devait être celle du ciel.

—*La question politique:* des deux côtés de la barrière linguistique, des hommes politiques en mal de croisade saisirent le potentiel politique de ces émotions françaises et anglaises. Du côté anglais, certains de nos représentants (avec un bon coup de pouce de quelques chefs syndicaux) furent ravis de jouer les éléphants dans le magasin de porcelaine du fair-play linguistique dans la Fonction publique: ils insinuèrent, grotesquement, que les libéraux étaient prêts à verser le sang des passagers pour une question de langue.

Pour certains hommes politiques francophones, ce fut l'occasion rêvée pour aiguillonner les sentiments anti-anglais. Ils montèrent en épingle une poignée de mini-Icares mal dégrossis pour essayer de faire croire que les Canadiens anglais étaient, jusqu'au dernier nouveau-né, des racistes déchaînés.

Bien que Joe Clark et René Lévesque aient évité personnellement de se frotter de trop près aux dirigeants syndicaux, un fait demeure: des militants à plein temps de leur parti ont travaillé la main dans la main (dans des camps opposés, bien sûr) avec des syndicalistes anglophones et francophones.

La crise faisant boule de neige, il apparut clairement que ces consultations avec des hommes politiques avaient tendance à entretenir la fièvre en compliquant de visées électorales le dialogue entre professionnels anglophones et francophones...

Dans tout cela, Ottawa peut difficilement jouer les victimes innocentes. Il a fallu une année entière au gouvernement pour avoir ne serait-ce que quelques vagues lueurs sur l'ampleur du danger pour le pays, puis il a laissé le litige aller à la dérive et pourrir en crise.

—*La question des emplois*: toutes les nobles considérations que nous venons d'évoquer ne sont que douces broutilles comparées au facteur terre-à-terre et bien humain qu'est la concurrence pour les emplois. Exacerbée par les rivalités personnelles et intrasyndicales, elle était inscrite dans le succès même de la réforme de l'instruction au Québec; toute une nouvelle génération de techniciens francophones arriva sur le marché du travail... pour trouver la place pas mal encombrée d'Anglais.

Professionnels francophones et anglophones tendent à nier cette concurrence, un soupçon indigne, disent-ils. Pourtant, on ne peut comprendre complètement — et encore moins juger avec quelque vague réalisme — la crise de 1976 sans noter ce dernier point.

Autant de sujets de méditation pour nos parlementaires lorsque le Hindenburg de la question linguistique atterrira sur leurs pupitres, probablement à l'automne prochain ou au printemps de 1980.

En supposant que le comité tripartite de juges adopte le rapport du ministère, il serait peut-être prudent de déclarer que le débat est un vote de bon sens, et non de conscience. Bien plus encore que pour l'avortement ou la peine capitale, quelques consciences canadiennes risquent, là-haut dans les airs, de s'envoler sur les ailes du préjugé et de la politique.

Note: Au mois d'août 1979, les trois juges ont déposé un rapport recommandant à l'unanimité l'introduction du bilinguisme dans le contrôle du trafic aérien au Québec. Le jour même, le nouveau ministre conservateur des Transports, l'honorable Don Mazankowski, a annoncé que le gouvernement fédéral acceptait ces conclusions.

Vive le Canada libre!*

Le premier ministre Lévesque et ses collègues du Parti Québécois ont mille fois raison: le Canada n'est pas un « pays normal ».

La question est celle-ci: si nous considérons comme « normaux » les dizaines de pays du Tiers-Monde récemment « libérés » que le PQ brandit en exemple pour l'indépendance du Québec, ou même les solides démocraties européennes, voulons-nous que le Canada soit « normal » sur le plan de la liberté d'expression ?

Le problème a été mis limpidement en relief la semaine dernière lors d'un discours d'Al Johnson, président de Radio-Canada. Parlant de la ligne suivie par la radio et la télévision d'Etat dans le débat référendaire au Québec, M. Johnson a décrété que les « séparatistes » (comme le ministre des Finances Jacques Parizeau, au moins, continue à appeler les péquistes) et les fédéralistes auront droit (aux frais de tous les Canadiens) à un temps d'antenne égal.

La décision de M. Johnson nous en dit long sur le sens insaisissable du Canada. Sans ergotage et sans condition, elle affirme que la liberté d'expression — en fait le devoir de l'Etat fédéral de subventionner ce que d'autres pays qualifieraient de propos subversifs — passe avant le devoir qu'a l'Etat de se défendre.

M. Johnson affirme qu'un message purement fédéraliste à Radio-Canada « détruirait le dossier pour l'unité canadienne » et qu'il y aurait « trahison de la confiance du public, trahison du mandat que le Parlement nous a conféré, trahison de notre éthique professionnelle de journalistes si nous, à Radio-Canada, devions utiliser notre position privilégiée

---

*The Vancouver Sun, etc., 21 novembre 1979.

pour faire pencher la balance dans la décision solennelle que les Québécois sont appelés à prendre ».

Suivre une autre route — à savoir défendre systématiquement l'Etat canadien qui finance la chaîne radio-télé — serait injuste envers les Québécois partisans de la sécession, c'est-à-dire de la partition de l'Etat sous sa forme actuelle.

Les Canadiens sont bien les seuls (à part peut-être les Britanniques et leur BBC) à trouver « normale », ordinaire, cette extra-ordinaire doctrine qui veut que l'Etat risque l'autodestruction par la liberté d'expression avec les deniers publics. Quels pays toléreraient — ne parlons pas d'encourager — de tels assauts aux frais de la princesse ?

Certainement pas les dictatures militaires qui sont légion dans les pays « libérés » d'Amérique latine et d'Afrique. Certainement pas les dictatures « socialistes » alignées sur Moscou ou Pékin.

Ni le Japon, ni l'Allemagne fédérale, ni même le bastion du monde libre, les Etats-Unis (ce dernier pays encore traumatisé par une guerre de sécession vieille d'un siècle) n'accorderaient la liberté de sécessionner à tous vents que les Canadiens tiennent pour acquise.

La France ? Surtout la France gaulliste qui se pique d'être l'égérie de la libération du Québec ? La liberté politique sur les ondes y est une plaisanterie pathétique.

La radio et la télé nationales françaises furent de simples succursales de propagande pour de Gaulle et ses partisans ; ces deux médias apparaîtraient encore aujourd'hui scandaleusement tendancieux aux yeux des Canadiens, malgré le timide relâchement de la censure autorisé récemment par le Président Valéry Giscard d'Estaing.

Tout cela n'est-il simplement que du dorage de pilule fédéraliste ? Les Anglais sont-ils en train de glorifier l'inévitable et de faire de nécessité vertu ? Je ne le pense pas. Tout récemment, dans *MacLean's,* le ministre péquiste des Affaires intergouvernementales, Claude Morin, a admis — et il faut lui en savoir gré — le caractère unique du Canada :

« Je ne prétends pas que les Québécois soient malheureux, qu'ils vivent en esclavage. Ce n'est tout simplement pas vrai. Nous vivons dans l'une des meilleures démocraties du monde ; ce que nous faisons serait illégal dans 99 p. 100 des pays du globe. »

L'austère ministre des Finances Jacques Parizeau, peu enclin pourtant à faire quartier au Canada, s'est lui aussi mis de la partie en déclarant au *Globe and Mail* la semaine dernière : « Il n'y a guère d'endroits au monde où un débat comme celui qui a lieu entre le Québec et le Canada anglais pourrait se dérouler dans une atmosphère (aussi) sereine — non, j'exagère — une atmosphère (aussi) courtoise. »

M. Johnson est un gardien émérite de la civilité canadienne, et sa défense passionnée de la liberté d'expression n'est pas loin de nous donner une définition classique de ce qu'est cet indéfinissable Canada :

« Pour moi, et je le dis avec quelque émotion (la tolérance des voix sécessionnistes sur les ondes nationales) est l'hommage le plus éloquent, le témoignage ultime de liberté du pays le plus libre du monde... »

Alors que ces temps-ci nos amis péquistes présentent au monde entier les Canadiens anglais comme autant d'oppresseurs colonialistes, il est réconfortant d'entendre un gars du terroir de la Saskatchewan comme Al Johnson nous sortir quelques phrases bien senties sur la liberté. Ce faisant, il nous rappelle que les droits démocratiques implantés chez nous par un héritage britannique sont maintenant défendus par tous les Canadiens, y compris les Québécois : on voudrait croire que la radio et la télé d'Etat d'un Québec indépendant offriraient un temps d'antenne égal aux factions prônant la réunion avec le Canada.

Maintenant que M. Johnson a mis liberté avant Canada, Canada est synonyme de liberté. Du même coup, le président de Radio-Canada a dit aux Québécois que, quoi qu'il advienne, le Canada les respecte.

A l'heure où le Québec y regarde à deux fois avant de sauter, on ne pouvait trouver deux vérités plus vitales sur notre pays. M. Johnson a rapatrié la « liberté » du camp péquiste : c'est maintenant le mot du Canada. Et sans être le moins du monde sur la défensive, il a montré aux Québécois la texture morale d'une nation qui préférerait se dissoudre au nom de la liberté plutôt que de se maintenir au nom de la peur.

Quel slogan patriotique, quelle Marseillaise référendaire serait plus électrisant que Vive le Québec libre ? Un seul : Vive le Canada libre !

Ça, un pays normal ? Sûrement pas.

Canadian Graffiti*

Durant ma première semaine idyllique ici au pays de Gauguin, je flânais souvent, l'air de rien, devant la nouvelle succursale de la Banque de Colombie britannique de mon quartier dans l'espoir que le directeur en sortirait, les bras tendus, pour m'offrir quelques-uns de ces billets de vingt dollars qui, m'avait-on dit, poussaient sur les palmiers locaux.

L'argent n'est pas venu, mais les peintres de minuit, eux, ont frappé et ont défiguré, puis réhabilité, les palissades cachant le nouveau temple de Mammon.

Un matin, mes yeux tombèrent sur ces vilains mots tracés par un artiste en peinture-aérosol visiblement décidé à transmettre aux écoliers de l'endroit ses misérables petites haines : « Français est un mot dégoûtant ». « Grands dieux ! pensai-je, ils sont fous ces Vancouvériens ! Toutes ces émissions de Radio-Canada qui montrent que les gens de l'Ouest bouffent du français tous les matins n'exagèrent donc pas. C'est la pure vérité ! »

Mais, avant même que j'aie eu le temps de tomber dans la déprime du Paradis Perdu, un indigène avait, du tac au tac, contre-attaqué deux jours plus tard : d'un seul trait de peinture (aérosol également), il avait barré le mot « Français » qu'il avait remplacé par le mot « Fanatisme ».

La leçon est claire et classique : il faut que les cinglés nous outragent pour que les gens sensés se remuent et fassent savoir que les arêtes de la haine restent dans la gorge des peuples civilisés.

J'ai vu le processus se répéter dans les dizaines de « crises » qui ont agité le tendre et amical Pays des Merveilles du bilinguisme. Que la panique ait été provoquée par des

---

*The Vancouver Sun, 7 février 1978.

50

promotions de francophones au sein de la Fonction publique, le français à l'école maternelle ou la folle « guerre sainte » du contrôle du trafic aérien, les constipés congénitaux ont gagné la première manche; puis, écoeurés par les excès, les gens normaux — ou du moins les gens disposés à essayer l'amour — sont sortis de leurs placards pour rétablir l'équilibre du bon sens.

Pourquoi donc ce numéro à la Billy Graham aujourd'hui? Parce que, risquant leur réputation (et souvent leur porte-monnaie) pour défendre leur patrie, plusieurs Canadiens très spéciaux débarquent en ville demain.

Il s'agit des membres de la Commission Pepin-Robarts sur l'unité canadienne. Leur tâche? Ecouter quiconque leur apportera des suggestions pour léguer à nos enfants un pays raisonnablement pacifique, libre et tolérant.

D'odieux idiots ont trouvé une « réponse » bien facile au groupe Pepin-Robarts: la dérision et l'insulte. Les petits plaisantins qui colportent de pitoyables blagues sur les « cirques ambulants » (chatouillez-moi que je rie) ne sont pas assez futés pour voir que le bonheur de leurs enfants dépend peut-être de ce que ces huit Canadiens vont dire au gouvernement l'an prochain.

Quelques Groucho Marx ratés — ils feront à coup sûr la une du téléjournal national car, croit-on, le bon peuple adore ça — peuvent exprimer leur vertigineuse vacuité en lançant des tartes à la crème (une contribution inédite de Vancouver à la science politique) ou simplement des invectives de classe.

Ils ont le droit, bien sûr, de dire leur mot — mais si une seule tarte se met à voler, j'espère que la Police montée flanquera l'athlète-pâtissier au cachot et qu'il sera mis à l'eau et à la tarte à la crème (tous les jours le même parfum) pendant quinze jours.

Mais laissons maintenant se mettre en branle pour la deuxième manche les gens qui voient une petite lueur pour leurs enfants derrière les huit visiteurs. Pour chaque timbré éructant sa haine, vos enfants méritent d'être défendus par dix orateurs pour qui l'intelligence, l'imagination et la générosité ne sont pas simplement des instincts, mais aussi des devoirs civiques.

Ces jours-ci, nous nous demandons à peu près tous ce que nous pouvons faire pour aider notre pays à sortir de son malaise actuel.

La réponse est aisée: ne laissez pas le débat aux haineux. Affrontez-les à chaque tournant — lors des émissions à lignes ouvertes, dans des lettres à la presse, dans des réunions publiques — et, en présence de tous les médias du pays, ici, aux consultations de la Commission Pepin-Robarts.

Ne traitez pas les visiteurs en profiteurs des deniers publics ou en amuseurs en tournée préélectorale pour M. Trudeau (j'ai l'impression que leur indépendance et leur courage vont bien déranger quelques-uns des douillets scénarios que l'on caresse à Ottawa pour les élections). Accueillez-les simplement pour ce qu'ils sont : un espoir honnête — le meilleur que nous ayons pour l'instant, à mon avis — de clarifier le destin de notre pays.

Allez les voir demain et jeudi à l'Hôtel Vancouver, et dites-leur quel Canada vous voulez. Vos enfants vous observeront. Et le reste du Canada vous observera aussi pour voir lequel de nos experts en peinture-aérosol représente le vrai Vancouver.

2 Rêves et réalités chez le « partenaire » anglais

« Le Torontois typique mesure environ cinq pieds neuf pouces ; il a des épaules assez larges et une tête dolichocéphale avec une oreille de chaque côté... »

« Nous parlons anglais dans nos livres, écossais dans nos sermons et américain dans nos conversations. »

STEPHEN LEACOCK

Où se cache donc la « culture » canadienne-anglaise ?*

HOLLYWOOD — Une conversation avec Lorne Greene (*alias* Ben Cartwright de *Bonanza* et commandant Adama de *Battlestar Galactica*) vous donne une occasion en technicolor de repenser vos idées sur la « culture » canadienne-anglaise.

La question est plus politique que jamais. A Ottawa, un nouveau (et transitoire ?) gouvernement conservateur affirme que la culture canadienne doit pousser dans des pots de fleurs régionaux et non dans la serre nationale jardinée par les libéraux. Prompt à promouvoir le dédain pour toutes les oeuvres du Canada anglais, le Parti Québécois soutient joyeusement que la culture canadienne-anglaise n'existe tout simplement pas; elle serait « hypothétique », pour reprendre le charmant vocable utilisé par le docteur Camille Laurin, ministre d'Etat au développement culturel du Québec.

Lorne Greene, vieux routier de la CBC où il était la Voix du Canada pendant la Seconde Guerre mondiale, explique avec éloquence pourquoi la culture du Canada anglais est si difficile à cerner — sauf aux Etats-Unis.

L'argent, bien sûr, compte pour beaucoup — et pourquoi pas ? Jusqu'à un certain point, la plupart des artistes préféreraient travailler dans leur propre pays ; mais lorsque nos culturocrates paient les artistes canadiens la moitié au plus de ce qu'ils s'empressent d'offrir à leurs homologues américains, on se demande où se trouve le véritable problème de talent : chez les artistes ou chez les ronds-de-cuir ? Une légende digne de foi raconte qu'il y a quelques années un haut responsable de la CBC chargé d'évaluer la créativité

The Vancouver Sun, etc., 11 janvier 1980.

a été nommé à son poste pour une seule raison : il bricolait des meubles dans son sous-sol.

Mais qu'ils soient acteurs, écrivains, penseurs, peintres ou musiciens, les artistes canadiens-anglais sont surtout attirés par les Etats-Unis parce que, tout bonnement, ils ont l'occasion de s'y développer librement sans être continuellement pressurés par des obsessions patriotardes.

Souvent, les artistes canadiens anglophones souhaitent simplement traiter de thèmes universels en plus de thèmes canadiens « locaux ». Ne percevant pas en la culture américaine la menace absolue qu'y voient les Québécois, les artistes canadiens-anglais de tous genres sont comme des poissons dans l'eau au sein d'une langue et d'un système de valeurs en harmonie, c'est le moins qu'on puisse dire, avec les leurs.

Les Canadiens anglais qui préfèrent le grand large à la mare canadienne n'ont pas tous besoin de migrer vers le Sud pour y être écoutés. Certes, John Kenneth Galbraith a quitté le Canada encore jeune homme pour devenir aux Etats-Unis grand économiste keynesien et conseiller politique de John Kennedy; mais d'autres penseurs canadiens-anglais d'envergure internationale parlent au monde à partir de Toronto : Marshall McLuhan, le prophète des mass-media; le critique littéraire Northrop Fry; le pianiste-musicologue Glenn Gould; le géophysicien Tuzo Wilson.

La bourlinguomanie artistique, la soif de briser le cocon du clocher, attire des hordes de Canadiens anglais vers la Grande Scène du Sud. Lorne Greene peut débiter une liste longue comme le bras d'écrivains, metteurs en scène et acteurs canadiens qui ont percé dans les films et les pièces de théâtre américains.

Car depuis plus de cinquante ans, les Etats-Unis sont une scène mondiale et, sur les pas de Marie Dressler, Mary Pickford, Walter Pidgeon et d'autres, le flot de nos artistes vers Hollywood est devenu inondation. Des producteurs bien établis comme Norman Jewison ou Fletcher Markle, un dramaturge comme Bernard Slade, peuvent appeler à la rescousse une armée de leurs ex-compères de la CBC pour jouer dans leurs succès populaires ; Christopher Plummer et John Vernon (deux ex-shakespeariens qui, il est vrai, font un peu trop de films falstaffiens), William Shatner, héros de *Star Trek,* Margot Kidder, la dulcinée de Superman, Barry Morse, l'acteur à tout faire de la télé, ne sont que la pointe de l'iceberg d'acteurs canadiens-anglais travaillant à Hollywood.

Nos musiciens pop sont également proéminents ici. Joni Mitchell a inspiré un culte et « fait » la couverture du *Time*. Paul Anka, Gordon Lightfoot, Leonard Cohen, Anne Murray, Buffy Sainte-Marie, The Band et The Guess Who? tiennent eux aussi bon sur les sommets glissants de la musique populaire américaine.

Si la télé canadienne est saturée de culture (voire de sous-culture) US, peut-être pouvons-nous nous consoler un peu à l'idée que, tout comme les astucieux Ecossais qui infiltrent les fiefs financiers d'Angleterre, nous sommes en grande partie les artisans de notre propre assujettissement. Le satiriste Rich Little et la mafia canadienne de *Saturday Night Live* en témoignent, ainsi que de grands journalistes canadiens de la télé américaine : Morley Safer, Peter Jennings, Peter Kent, Robert MacNeil.

Parlant de l'Angleterre, dressez l'inventaire de nos cowboys (et cow-girls) qui se sont distingués au Royal Ballet (Lynn Seymour), à l'Opéra de Covent Garden (Jon Vickers), aux théâtres du West-End ou encore à la BBC (l'humoriste Bernard Braden et, pendant longtemps, Sidney Newman, comme directeur des services dramatiques) ; vous comprendrez alors pourquoi la scène culturelle au Canada anglais, qui compte toujours le théâtre de Stratford, l'école des Beaux-Arts de Banff, les Ballets de Winnipeg, l'Orchestre symphonique de Toronto et un foisonnement étonnant d'éditeurs et d'écrivains (de Margaret Atwood à Arthur Hailey), a parfois l'air un peu dégarnie.

Autre facteur pour cerner la culture fugitive du Canada anglais : notre tendance à lui donner un contenu plus scientifique que ne le font les Québécois. Les grands musées de Toronto, et même le Glenbow de Calgary, ont une réputation internationale. Dans des domaines divers, les prix Nobel de Charles Best, Frederick Banting et Gerhard Herzberg, ainsi que les milliers de Canadiens qui travaillent aux Etats-Unis dans les industries spatiale et électronique, révèlent une autre forme de culture, non pas une absence de culture.

Il est fastidieux de réciter une litanie de noms et d'exploits pour rappeler qu'une culture existe. Mais l'existence, l'orientation et la localisation de la culture canadienne-anglaise ont été transformées, au Québec, en arguments politiques, et une réponse concrète appelle un certain recensement.

Malheureusement, nos détracteurs péquistes, dont les schémas politiques exigent, par définition (souveraineté-*association*), une connaissance limpide du partenaire anglophone, sont précisément ceux qui, par insécurité, se couvrent les yeux et se bouchent les oreilles à notre réalité. Dans leur for intérieur, ils semblent terrifiés de la vitalité qu'ils pourraient trouver si, cessant brièvement de se lancer des fleurs, ils regardaient les chrysanthèmes — aussi bien que les orties — du voisin. Ils ne savent peut-être pas encore que la marque d'une véritable grande culture c'est l'intelligence et la confiance avec lesquelles elle admire les formes originales d'une autre culture.

Bon, d'accord... *Star Trek* et Joni Mitchell ne vont pas prendre d'assaut l'Académie française ; mais, sauf erreur, les refrains populaires glorifiant des barrages hydro-électriques et les joies du « oui » au référendum péquiste ne risquent pas non plus d'extasier les Immortels. La vérité ? C'est que le Québec et le reste du Canada peuvent tous deux se targuer de posséder de vigoureuses cultures populaires. Et ici comme là, on explore de surcroît les voies plus sérieuses de la spiritualité humaine avec des accents dignes.

Ecoutons Lorne Greene : « La véritable culture n'a pas de frontières. Ni celles de la géographie, ni celles de la politique, ni celles de la fierté nationale. »

Deux patriotes entre ciel et terre *

HALIFAX — Sur le quai ensoleillé auquel s'amarre le Blue-nose II, les huîtres et la bonne bière Schooner ont le don de vous inspirer des méditations politiques. Pour expliquer la victoire imprévue, la semaine dernière en Nouvelle-Écosse, des conservateurs de John Buchanan, les élèves de Halifax vous offrent une rare occasion de voir les choses en profondeur : un concours oratoire sur le thème « Que dirait Joseph Howe à René Lévesque ? »

Un siècle les sépare. Mais le héros légendaire de la Nouvelle-Écosse et le chef actuel du Québec sont des frères spirituels à bien des égards : tous deux dédaignaient l'école, mobilisaient les lecteurs de journaux (ou téléspectateurs) de leur temps, séduisaient les foules par leur verbe patriotique. Tous deux changeaient de parti, devenaient premiers ministres de leur province, détestaient la Confédération, prônaient l'indépendance de leur terre natale.

Voici donc, en direct de la Grande Chambre des communes du Ciel, le texte verbatim du message que M. Howe adressa le week-end dernier à M. Lévesque :

« Cher collègue,

« Vous aviez tort la semaine dernière de vous vanter à haute voix (si haute qu'elle est montée au Paradis) que la défaite du premier ministre libéral Gerald Regan n'était qu'un clou de plus dans le cercueil de Trudeau. J'ai trouvé particulièrement cavalier votre rappel que le gouvernement libéral (à part Ottawa) le plus à l'Ouest au Canada se trouve dorénavant à l'Ile-du-Prince-Edouard, et qu'il n'a qu'une majorité législative d'une voix !

« Iconoclastes et messies que nous sommes tous deux

---

*La Presse, 27 septembre 1978.

59

dans nos patries respectives, nous pouvons nous permettre un peu de franchise. Voici un mot de prudence sur le scrutin chez vos amis en kilt et quelques conseils pour votre avenir à vous.

« Il serait irréaliste de croire qu'on a débarqué le pauvre Regan seulement à cause de ce grand ami que vous avez en commun, Pierre Trudeau. Il est vrai qu'on déteste Trudeau en Nouvelle-Ecosse, mais mieux vaut être détesté que méprisé, comme c'est le cas de l'ineffable Joe Clark.

« Les vraies raisons de la tory-manie des Bluenosers ? Des colères bien plus banales : l'usure du pouvoir, si porteuse d'ennui, d'un régime libéral vieux de huit ans ; une nouvelle carte électorale favorisant les propriétaires de maison (le fric vote bleu) ; la tendance pancanadienne bien connue des trois dernières années qui a remercié des hommes aussi estimables que Dave Barrett en Colombie britannique, Robert Bourassa (vous vous en souviendrez) au Québec, Ed Schreyer au Manitoba et — presque — Bill Davis en Ontario.

« A ne compter que ces raisons-là, vous auriez tort de prendre le chant du cygne de Regan pour le glas de Trudeau. Mais il y a une cause qui domine toutes les autres si vous cherchez à comprendre la défaite de Regan : le raz de marée de conservatisme budgétaire qui inonde notre continent.

« Il est vrai que les néo-démocrates (également néoécossais) de Jeremy Akerman n'ont pas abandonné l'étiquette NPD. Mais ces « socialistes », tout comme les « libéraux » de Regan, avaient tellement la trouille face à la colère antibureaucratique des contribuables qu'ils ont lâché tout le reste : principes, programmes et — faut-il s'en étonner ? — crédibilité. Les électeurs de la Nouvelle-Ecosse, devant trois partis conservateurs, se sont dit : autant prendre les bleus certifiés.

« Forts de cet avantage d'une appellation contrôlée, les gars de Buchanan se sont juré d'analyser les dépenses gouvernementales non pas à la loupe mais à la hache. Tout comme leurs maîtres à penser du Manitoba chez le premier ministre Sterling Lyon, ils étaient assez rusés pour attaquer les bureaucrates plutôt que les services qu'ils offrent.

« A cette fin, Lyon leur a même prêté un conseiller en stratégie : il soufflait aux scribouilleurs de discours de Buchanan tout l'art de présenter les fonctionnaires comme des boucs émissaires. Lesdits scribouilleurs, Bill Neville et le sénateur Allister Grosart, sont venus d'Ottawa ajouter de la couleur locale à toute l'entreprise sur les pressantes instances de leur leader, Joe Clark.

« La question clé de la campagne électorale—les tarifs d'électricité — venait intensifier merveilleusement cette fièvre toute californienne. Déjà, avant les élections, ces tarifs étaient les plus élevés au Canada, exception faite de la minuscule Ile-du-Prince-Edouard. Avec l'augmentation de 18 pour cent annoncée génialement par les autorités énergétiques de la province juste avant la campagne, l'électricité en Nouvelle-Ecosse coûte $3.53 le kilowatt-heure, alors qu'au Québec (qui a les tarifs les plus bas du Canada) le courant se vend à $1.47.

« Bon, cher collègue, qu'est-ce que tout cela signifie pour vous ?

« Je comprends bien — soit dit en passant — à quel point votre référendum sur l'indépendance commence à vous énerver. Voici un siècle, au premier Parlement du Canada, nos « indépendantistes » de la Nouvelle-Ecosse ont remporté 36 sièges sur 38, et on a fichu une peur rouge (non pas bleue, celle-ci) à nos amis fédéralistes — tout comme vous l'avez fait le 15 novembre 1976. Le fardeau de cette demi-conquête de l'indépendance était lourd à porter.

« Mon premier conseil : le triomphe de Buchanan (dont les qualités de chef restent à déterminer) doit confirmer votre décision d'épauler les éléments « bourgeois » de votre parti.

« Si vous permettez à vos poètes en romantisme socialiste et nationaliste de prendre le devant de la scène lors du référendum de 1980 et lors des élections provinciales qui le suivront, vous provoquerez l'extase chez les 13 pour cent des Québécois qui souhaitent réellement quitter le Canada. Mais vous perdrez les 30 ou 40 pour cent de Québécois indécis que vous espérez mystifier avec votre projet de souveraineté-association—qui, à mon sens, ressemble pas mal au divorce suivi d'un compte bancaire en commun.

« Le gars qu'il vous faut en vedette se nomme Jacques Parizeau. Oui, celui dont le tailleur vit à Londres (Savile Row) et qui porte la breloque de banquier. Le même qui a réussi cet emprunt gigantesque en Europe il y a quelques semaines à des conditions fort favorables. Ayant ce genre de crédibilité, il n'aura aucun problème à persuader les Québécois qu'ils pourront avoir, comme le dit si bien Yvon Deschamps, « un Québec libre dans un Canada fort et uni ».

« N'oubliez pas non plus que le jour de vos élections

générales, vos adversaires vont vous jeter en pleine figure votre slogan-diversion de 1976 qui promettait 'un vrai gouvernement'. Votre réplique sera facile. Parizeau n'a qu'à garder la main sur la guillotine pour les fonctionnaires et vous, cher collègue, vous n'aurez qu'à vous déguiser en Sterling Lyon: un gilet de comptable et un petit air de radinerie sévère feront bien l'affaire.

« Ensuite, question tuyauterie, vous devriez redoubler vos efforts pour séduire les neuf premiers ministres des provinces anglophones. Après le coup de Regina en août, les anciens vous adorent déjà. Pour le blanc-bec Buchanan, une visite « d'Etat » à Halifax par notre seul premier ministre d'une province francophone serait tout indiquée. Et combien flatteuse.

« Dans vos bagages, trois petits cadeaux. D'abord, quelques kilowatts-heures de cette électricité à bas prix de Terre-Neuve qui devient de l'électricité à prix élevé lorsqu'elle s'exporte à l'Etat de New York. Si vous aidez Buchanan à dominer ses tarifs d'électricité, il fera lui-même du porte à porte, pour votre cause lors du référendum.

« Ensuite, vous amènerez des promesses d'échanges de jeunes et de quelques centaines de profs de français. Les Tories chez nous, comme ailleurs, souffrent de leur réputation de francophobie (voir Lyon à nouveau), et ils seraient ravis de passer pour des gens éclairés en élargissant les efforts déjà solides que Regan a lancés dans les écoles pour donner aux enfants une meilleure chance que celle de leurs parents d'apprendre la langue de Victor Hugo et de Guy Lafleur.

« De surcroît, ce geste prouverait de manière frappante votre sérieux pour une association réelle après la souveraineté: les ponts, on les construit déjà...

« Enfin, vous trimbalerez à Halifax votre nouveau conseiller pour les mystères du Canada anglais, M. Daniel Latouche. On dit que M. Latouche aime bien jouer les Anglais contre les Anglais. Parfait. Il sera comblé en se rendant compte qu'avec les conservateurs au pouvoir en Nouvelle-Ecosse, l'Union des provinces atlantiques sera plus que jamais une affaire de placotage pour l'heure des cigares et de l'eau-de-vie.

« En terminant, cher collègue, un mot sur votre place dans l'histoire. En vous inspirant de ma carrière à moi, voici ce que vous devriez faire: battez-vous jusqu'à ce que vous puissiez perdre honorablement, ensuite acceptez des « conditions meilleures » pour le Québec au sein de la Fédération canadienne.

« Vous scellerez tout cela en entrant, vers 1983, dans le « Gouvernement de réconciliation nationale » qui sera présidé par M. Robert Stanfield.

« Stanfield? Mais oui, un autre gars de la Nouvelle-Ecosse. Un Canada reconnaissant le rappellera pour réparer les pots cassés juste après que Pierre Trudeau et Joe Clark auront été nommés au service diplomatique, cette belle école de bonnes manières.

« Pensez-y. Avant de mourir en 1873, j'ai même été bombardé lieutenant-gouverneur de ma province. Sans compter qu'aujourd'hui encore on organise des concours oratoires en mon honneur.

Un frère d'outre-tombe,
Joseph Howe. »

Cow-boy Canada*

CALGARY — Nous, Canadiens de l'Est, nous savons tout des gens de l'Ouest. Ils sont gueulards, sectaires et bottés jusqu'aux yeux. Ils carburent au lait de jument, vitaminent aux préjugés et recrachent ce fiel sur deux mille milles de lignes ouvertes et de lettres aux journaux. Ce sont des fanfarons de province ; leur seul numéro au palmarès national depuis les années quarante a été de comploter pour nous « frigorifier dans le noir », en nous coupant le pétrole.

Du lac Supérieur au littoral du Pacifique, les gens de l'Ouest sont tous pareils c'est-à-dire pas pareils à nous. D'une ignorance crasse des véritables questions canadiennes telles que nous les posons, le cow-boy commence à Kenora — tout comme le « métèque », pour certains Britanniques un peu insulaires, « commence à Calais ».

Le plus impardonnable, c'est que les gens de l'Ouest vivent loin. A l'autre bout du monde, complètement coupés du sanctuaire Québec-Ontario. Comment pouvez-vous avoir du coeur pour le Canada quand vous n'y vivez pas vraiment ?

Comme il en est de tous les stéréotypes, ceux qui colportent de tels potins bêtes et méchants finissent eux-mêmes par se caricaturer. Et nous, « les Estiens », à force de charrier nos compatriotes de l'Ouest, nous finirons par ne plus paraître les imprésarios des affaires canadiennes mais plutôt les imbéciles de la pièce.

Je ne veux pas jouer le prosélyte venu encenser les gens de son nouveau pays : le Far West existe encore. Mais, il est terré dans les fantasmes de quelques esprits apeurés par la grande diversité d'un Canada plus vaste. Les gens d'ici sont, du reste, les premiers à rire du politicien constipé ou de l'a-

---

*La Presse, 14 septembre 1977.

vocat, genre cow-boy du dimanche, dont la prompte esto-phobie tient à la fois de Pavlov et d'Idi Amine.

Ces « Westerners » de métier parlent du Canada comme s'il était encore sillonné par des prédicateurs, brandisseurs de Bible, et comme si les dragons de la Bay Street écrasaient encore les colons dans la poussière des prairies.

Les chefs de file du « New West » — décidés à trouver leur place parmi les meneurs d'un nouveau Canada — fer-mentent des colères, eux aussi. Mais des colères ancrées dans la réalité : l'injustice économique et l'aliénation politi-que.

Les « modérés de l'Ouest » s'irritent d'être lésés par des tarifs ferroviaires tripotés au point de faire d'eux les éter-nels clients captifs des biens surévalués de Montréal et de Toronto. Ils pestent contre les apparatchiks d'Ottawa qui les traitent d'ignares pour avoir la prétention de se croire aussi importants que les Québécois.

Mais la marque de ces chefs du « New West » n'est pas la colère. C'est la perspective : cette faculté politique dont Montesquieu disait qu'elle était l'apanage de ceux qui élè-vent leur vue sur les plaines et les montagnes.

Depuis le 15 novembre, l'appel le plus passionné de l'Ouest vient de Canadiens dont la vue jusqu'alors ne dépas-sait pas les bornes de leur région. Ces mêmes Canadiens cherchent aujourd'hui à saisir ce continent de pays qui sur-plombe leur paroisse. Il y a une floraison de « groupes de l'unité canadienne » dans l'Ouest (cinq en Colombie britan-nique, trois en Alberta, quatre en Saskatchewan, trois au Manitoba). Des centaines de gens réfléchis y apprennent à aimer un pays plus grand que celui dont ils s'étaient con-tentés.

Maigre décompte, dira-t-on. Soit ! Il y a dix ans, les in-dépendantistes du Québec n'étaient pas légion non plus. On retrouve ici les mêmes mentors et ténors des mouvements d'opinion : journalistes, écrivains, universitaires, artistes. Et en plus, on y trouve toute une génération de parents qui veulent léguer à leurs enfants un pays plus sain, plus géné-reux.

Ce sont précisément ces Canadiens ordinaires qui se sont rassemblés par milliers devant le parlement d'Edmon-ton, le 1er juillet dernier — affluence tout à fait inattendue. « J'ai vu des gens que je n'avais pas vus depuis 40 ans », di-sait un observateur ébahi. « Ils ont amené enfants et petits-enfants. Cette année, soudain, le Canada avait un sens. »

A la différence des premiers indépendantistes, l'élite du « New West » compte dans ses rangs des hommes d'affaires, et pas les moindres (de Calgary, Vancouver), et même des hommes politiques du système.

Passons aux maires, qui se disent les plus proches du peuple. Agréable surprise, là aussi, que de voir naître une nouvelle sympathie de l'Ouest pour le Québec et les francophones. Le président de la Fédération des municipalités canadiennes est M. Jack Volrich, maire de Vancouver. Il y a quelques mois, il a épaté les Montréalais en leur tenant des propos fort sympathiques, offrant même à la presse une version française de son discours.

Lors de la prochaine réunion annuelle de la Fédération des municipalités de la Colombie britannique, du 21 au 23 septembre, sa ville ira au-delà même d'une motion déposée par West-Vancouver et Delta, motion qui apporte son soutien aux Québécois qui veulent renforcer le français, tout en souhaitant qu'ils se sentent chez eux au sein du Canada.

Vancouver ira donc jusqu'à réclamer une nouvelle constitution canadienne contenant « une reconnaissance des deux communautés nationales et une déclaration universelle des droits de l'homme », y compris des droits linguistiques anglais et français.

Quoi, deux communautés nationales ? Voilà une terminologie à provoquer des apoplexies en chaîne parmi les centralistes cantonnés au donjon Langevin à Ottawa*. Pour les « Canadiens de placard » parmi les péquistes, et il en reste encore, elle laisse entrevoir des réponses inespérées à la définition classique du dilemme entre anglophones et francophones au Canada telle que l'a donnée Daniel Johnson : égalité ou indépendance.

L'un de ces maires, Ross Marks, de la petite ville de 100 Mile House dans le Cariboo, est aussi le membre provincial de la Commission Pepin-Robarts sur l'unité canadienne. Il explique pourquoi l'Ouest compte tant de mordus de l'unité et analyse ce que ce phénomène signifie pour le mythe de « cow-boy Canada ».

« Ces gens ont une profonde intuition de ce que pourra être ce pays s'il reste uni. Sous toutes ces crises et colères, il y a peut-être une foi patriotique à découvrir. »

Quant à nous, les fines bouches de l'Est, cessons de

---

*Immeuble où logent les bureaux du premier ministre (Pierre Trudeau à l'époque).

ronger nos vieux os hollywoodiens. Aujourd'hui, après tout, les duels au colt 45, ici, n'ont plus lieu que le mercredi et la rumeur veut que la Gendarmerie royale ait mis le grappin sur le légendaire «trappeur fou» il y a tout juste une semaine.

Et maintenant... du ressac à l'Est?*

Depuis le 22 mai**, le mythe du pouvoir français à Ottawa s'est dissous dans le mythe du pouvoir cow-boy. Et aussi sûrement que Lucky Luke finira par descendre les frères Dalton, les Canadiens se sentant exclus du pouvoir vont haïr l'Ouest qui, après le Québec, semble y aller dur sur les étriers.

Du ressac à l'Est après celui à l'Ouest? Dans cet archipel de jalousies que nous appelons Canada, il ne nous manque plus qu'un prof pour pondre un de ces effarants mots latinisants en « isme » (« occidentalisme » ?) : la cause de l'Ouest va apparaître aussi menaçante que le « bilinguisme », ce mot-épouvantail qui a fait du Québec et des corn-flakes des... épouvantails. Votre coin du Canada peut recevoir amour ou pouvoir, mais non pas les deux.

Certes, Joe Clark a, le petit malin, calmé la peur d'un coup d'Etat lancé de l'Ouest en cultivant l'impression que le Canada n'avait point de gouvernement du tout. Il a laissé paître le Parlement assez longtemps pour que Pierre Trudeau se « barbe » et se « débarbe », assez longtemps en fait pour donner trois crises d'apoplexie à un John Diefenbaker si, d'aventure, les rouges s'étaient permis une telle désinvolture.

Il a, bien sûr, inauguré une mini-Maison Blanche à Jasper, mais ce geste mis à part, il n'a pas fait grand-chose pour

---

*The Vancouver Sun, etc., le 7 décembre 1979.

**Jour des élections fédérales de 1979 qui ont remplacé, au pouvoir, les libéraux à prédominance francophone de Pierre Trudeau par les conservateurs essentiellement anglophones de Joe Clark. Le retour du « French power » le 18 février 1980 a de nouveau éclipsé le « Western power », mais le phénomène de rivalité régionale demeure actuel... et probablement éternel.

que les gens se rentrent dans la tête qu'un petit gars de l'Alberta avait en fait gagné les élections. Seule son ardeur à comparer Pétrocan à une entreprise du Kremlin trahit chez lui le terroir calgarien : qui, sinon un jeunot du village, trop impressionné par l'Establishment local, sursauterait devant les diktats de *l'an dernier* du Petroleum Club ?

Tout cela a, jusqu'à présent, endigué la ouestophobie. Mais maintenant que le Parlement a repris ses travaux... parfois forcés, l'appétit de prestige des régions va inciter les rivaux des Tories à nous monter contre le pouvoir des Prairies.

Si, par exemple, M. Clark s'occupe des réclamations de l'Ouest comme les tarifs ferroviaires, les tarifs douaniers et la fiscalité des richesses naturelles, ses ennemis vont hurler qu'il sacrifie des intérêts appartenant en propre à l'Est : les chemins de fer contrôlés de Montréal, les industries éternellement naissantes de l'Ontario et du Québec, et les contribuables-vaches à lait du Canada central.

Sans siège et sans espoir au Royaume de Lougheed, les chevaliers errants du NPD et du Parti libéral vont attiser le ressentiment d'un Ontario outré par les hausses de prix du pétrole en grognant qu'on a capitulé devant l'Alberta-séoudite.

Avec l'Ouest soi-disant au pouvoir, les moindres travaux publics vont passer pour du « patronage ». Si les libéraux avaient annoncé un nouvel aéroport à Prince-Albert, on y aurait vu simplement une roublarderie pour désarçonner John Diefenbaker dans son patelin. Quand les Tories ont fait la même chose il y a quelques semaines, on a eu l'impression qu'ils voulaient prendre leur revanche pour les millions (au moins !) de ponts et de bureaux de poste que les rouges avaient construits à travers le Québec.

Comme pour le bilinguisme et maintes affaires canadiennes, un seul truc pour briser le ressac : l'ambiguïté constructive. M. Clark doit convaincre la nouvelle élite de l'Ouest qu'elle a gagné, tout en convainquant la vieille élite du Canada central qu'elle n'a pas perdu.

Pour ce faire, il doit se souvenir que si gouverner c'est choisir, c'est aussi rêver par messages-pare-chocs interposés.

Les papillons que M. Clark n'a pas besoin de voir sur les voitures, mais auxquels il aura droit s'il n'y prend garde, sont faciles à imaginer : « Pétrocanular » ; « Les cow-boys sont vaches », ou même « Joe n'est pas à cheval sur les principes ». Alors, que faire ?

A l'ouest de l'Ontario, discours, projets et politique d'Ottawa devraient exploiter la riche veine des injustices rectifiées — en termes cow-boy, la revanche des lassos, pour ainsi dire. Un petit je-ne-sais-quoi à la Gary Cooper dans la démarche et le verbe de M. Clark doit bien leur dire, à Moose Jaw, comment l'Est a été conquis et combien ça chatouille de le savoir.

A l'est du Manitoba, M. Clark doit s'astreindre vis-à-vis des indigènes à une rude discipline de modestie et de tact. Ni triomphalisme, ni plastronnades : il doit trotter parmi les trilliums (la fleur-emblème de l'Ontario), flotter parmi les fleurs de lys et dire aux âmes séduites et abandonnées de l'Est qu'en livrant le pays à Peter Lougheed il agit — mais oui — pour le bien de leurs enfants.

Tout comme la tactique propagée hors du Québec pour montrer les meilleurs horizons du bilinguisme, ce voeu rassurant pourrait s'appeler « Option-jeunesse ». « L'occidentalisme ne peut maintenant plus grand-chose pour vous, malheureux adultes, pourrait nous dire M. Clark, mais fermez les yeux et pensez à vos enfants : *in petroleo veritas.* »

L'ambiguïté bâtisseuse de nation qui a rudement (très rudement) servi la cause du bilinguisme a incité ses protagonistes à jouer les Jeanne d'Arc pour les Québécois au pouvoir, et les Bobino pour les Anglais marginalisés.

Avec les habitants de l'Ouest, M. Clark pourrait peut-être jouer les John Wayne (le poste est vacant depuis que Jack Horner est reparti sur son ranch) et, avec les autres Canadiens, voyons... Charlot.

Ou bien alors Nounours. La grande astuce du métier, c'est de saper les adultes en séduisant les petits.

Plus ça change... dites-vous ? Attendez donc que le pétrole jaillisse à flots à Terre-Neuve et mette le Canada atlantique au gouvernail. La puissance marémotrice remplacera la puissance des chevaux-vapeur, et nous serons tous emportés par un raz de marée de schizophrénie à manifestations multiples.

Tribalisme à l'anglaise*

Pour moi, Doug Collins** n'est pas sans rappeler René Lévesque : un homme courageux, distingué et pourvu de qualités. Mais je trouve que leur vision à tous deux est trop étriquée pour le monde où nous vivons, un monde dangereux, déchiré par les luttes tribales et assis sur la bombe H.

Outre de s'être inscrit à un cours de français pour journalistes — ce qui cadre peu avec son « image » —, Collins a à mes yeux un énorme mérite : sa prose lucide et séduisante. *Immigration : The Destruction of English Canada*, le livre qu'il vient de publier, nous rappelle la plume trempée dans l'acide que nous aimions (ou détestions !) jadis dans ce journal.

Nous autres, « libéraux pavloviens », ne devrions pas nous laisser rebuter par le sous-titre incendiaire de l'ouvrage ni par sa parution dans une collection de pornographie politique comprenant *Bilingual Today, French Tomorrow* et *French Power : The Francization of Canada*. Le livre de Collins a incontestablement le même parfum de paranoïa raciale et culturelle que ces vils petits pamphlets, mais il est incontestablement mieux documenté et écrit.

Comme dans ses chroniques, Collins, dans ce livre, donne des dimensions cosmiques à des atomes de vérité et à des cas particuliers exorbitants. Lorsqu'il cite l'enthousiasme douteux de Pierre Trudeau pour « Castro le dictateur » ou l'admiration de notre premier ministre pour les villes soviétiques « bâties sur les os des victimes du Goulag », il isole un petit nombre de faits pour démasquer toute la phi-

---

* *The Vancouver Sun*, etc., 21 juillet 1979.

** Doug Collins est un journaliste de Vancouver dont les commentaires contre une certaine forme d'immigration sont fort controversés.

losophie « internationaliste extrême » de M. Trudeau. Un autre aurait parlé de realpolitik, mais vous saisissez la technique.

Pour ce qui est de la mesquinerie et des cafouillages courtelinesques des services de l'immigration canadienne, les cas que présente Collins reflètent la réalité bien tangible de souffrances individuelles. Dans ses petites vignettes, il ne se contente pas d'égayer les notes et les tableaux fort impressionnants qu'il nous sert pour notre gouverne ; il utilise aussi du matériau humain qui, et il le sait, va faire monter la pression artérielle chez ses lecteurs.

Comme certains de ses collègues de l'Est qui exploitent, eux aussi, la riche veine des peurs ethniques, Collins a le don de déterrer des Anglais pur-sang qui, malgré leur attachement à la Reine et à l'éthique protestante du travail, se sont fait avoir — allez savoir comment — par des agents d'immigration crétins qui leur ont conseillé d'aller faire leur demande à Naïrobi, où les chances d'entrer au Canada seraient, paraît-il, meilleures.

Combinant francophobie et « immigrophobie », Collins affirme que « l'identité ethnique du Canada français a été garantie, alors que celle du Canada anglais a été ignorée, voire piétinée ».

Une telle vue recèle elle aussi une parcelle de vérité — surtout si l'on considère que même les ministres québécois anglophiles les plus éclairés du cabinet Trudeau n'ont pas réussi à vibrer au diapason du Canada anglais, et si l'on voit l'erreur plus difficilement pardonnable des ministres anglophones qui n'ont pas voulu affronter M. Trudeau au nom du « Canada anglais ».

Pourtant, la résurgence du Québec repose en partie sur des facteurs qui n'ont rien à voir avec Pierre Trudeau et qu'il trouve même détestables : une tradition de repli sur soi vieille d'au moins un siècle ; la mentalité d'assiégés (renforçant l'esprit de famille de la province tout entière) de 5 millions de francophones qui se sentent noyés au milieu de 240 millions d'anglophones ; des réflexes (d'origine culturelle) d'antagonisme envers Ottawa ; une élite affligée de la même soif de pouvoir — via le nationalisme — que l'Eglise catholique d'avant 1960 ; des médias, tant écrits qu'électroniques, qui ne sont, parfois, que trop heureux de flatter les préjugés anti-anglais.

Mais la question de fond soulevée par M. Collins dans

son oeuvre provocante, c'est le choix entre deux visions du Canada : la vision tribale et la vision supra-tribale.

Malgré sa recherche accablante, Collins ne parvient pas à cacher son penchant pour la colonie chétive et culturellement familière appelée Canada que ses ancêtres contrôlaient, tandis que les miens, et les vôtres peut-être, y abattaient des arbres pour se construire des cabanes. Malgré ses intellectuels et ses gratte-ciel, le Canada est encore, dans les rêves de Collins, l'appendice spirituel de l'Angleterre. Le Canada selon son coeur respire la nostalgie de l'aristocrate exilé, l'amour XIXe siècle de la race, de la tribu, du village, le mépris de l'étranger—à peine atténué pour laisser entrer quelques Aryens d'Allemagne ou de Hongrie.

L'autre vision du Canada — celle qui, à mon avis, assurera le plus sûrement la vie et l'épanouissement de nos enfants—c'est une vision transcendant tribu et langue. Une société qui chérit ses souches ancestrales (là-dessus je suis « royalement » d'accord avec Collins), mais qui se souvient que même ses propres racines se sont épanouies grâce à des engrais culturels étrangers (la devise de la Reine n'est-elle pas, en français médiéval, « Dieu et mon droit » ?).

Selon cette autre optique, Dieu a, pour égayer un peu notre vieille Terre, créé les hommes différents: certains sont blancs, d'autres noirs, d'autres entre les deux; une telle vision, je crois, est la seule assez galvanisante pour cimenter ce pays dans la grandeur; elle est la seule à donner à la patrie de nos enfants un sens plus-haut-que-national dans un monde racialement divisé, la seule qui soit assez généreuse pour apporter ne serait-ce qu'une lueur d'inspiration à une planète ensanglantée sur chaque continent par les haines raciales.

C'est cette seconde—et supérieure—vision qui semble avoir incité le gouvernement archi-anglo de Joe Clark à ouvrir nos frontières à plus de 60 000 réfugiés vietnamiens.

Comme Doug Collins, j'ai moi aussi mes préjugés—vestiges d'une enfance délimitée par Roi, Empire, Loge Orangiste et basses-cours du Sud-Ontario. Canadien de troisième génération, je sens qu'une partie de mon héritage se trouvera toujours au Devon, à Dublin et à Dundee ; pourtant, je ne peux partager le profond pessimisme qui sous-tend l'oeuvre, puissante mais ethnocentrique, de Collins.

Peut-être suis-je à mon tour un « internationaliste extrême ». Je voudrais bien pouvoir m'en vanter, mais j'ai bien peur que seuls mes enfants ou mes petits-enfants aient la chance d'atteindre cette maturité de civilisation. Eh oui, Doug! Et je serais heureux que « ma fille en épouse un », à condition qu'elle l'aime, et qu'il l'aime.

Bref, M. Collins a écrit un livre dont je respecte la sincérité, mais avec lequel je suis en profond désaccord. La prochaine fois qu'il voudra remercier ce pays ethniquement fragile qui l'a accueilli il y a 27 ans, je l'inviterai à laisser tomber les questions raciales et à rédiger, en échange, le magnifique traité de style journalistique auquel ses talents le préparent si bien.

Discours imaginaire pour Peter Lougheed *

Le premier ministre de l'Alberta, Peter Lougheed, ne m'a pas vraiment demandé de lui écrire un discours. Mais pour l'aider à répondre aux chroniqueurs pleins de préjugés qui l'accusent d'avoir des vues incorrigiblement égoïstes et bornées sur le Canada, voici un petit texte qu'il pourrait essayer de débiter au Québec pour donner un coup de main à la crise nationale:

« Nous autres, Albertains et Québécois, sommes séparés par la langue, l'histoire, et la moitié d'un continent. Nous sommes liés par des problèmes, des aspirations et des perspectives qui dépassent de loin tout ce qui nous divise.

« Comme tous les autres Canadiens, nous avons une priorité vitale: nous voulons vivre à notre façon, indépendamment des Etats-Unis. Si dans nos deux provinces nous admirons les Américains — plus peut-être que ne le font la plupart des Canadiens —, nous ne saurions à aucun moment oublier que, pour être nous-mêmes, il nous a fallu, et il nous faudra encore, résister à l'attrait séducteur du colosse US ».

« Au sein du Canada, tel qu'il est, nos problèmes se ressemblent également. On nous comprend mal dans le reste du pays ; en fait nous faisons souvent peur ou envie.

« Vous, Québécois, on vous affuble depuis longtemps d'épithètes comme maudits pea-soupers. Nous, Albertains, on nous caricature comme des cow-boys incultes et, avec le nouvel essor économique apporté par le pétrole et le gaz naturel, des Arabes aux yeux bleus.

« Il est tout aussi déplaisant, je vous assure, d'être qua-

---

* La Presse, 17 mai 1979.

75

lifiés de rapaces fanatiques que d'être considérés comme d'ombrageux saboteurs!

« D'autre part, que nous soyons Albertains ou Québécois, nous avons un problème de taille avec Ottawa. Un peu partout dans le monde, les capitales nationales sont synonymes d'arrogance et d'indifférence. Mais au Canada, le pouvoir central a pris des habitudes de tutelle qui affaiblissent sérieusement la croissance de nos deux peuples et l'idée fédéraliste elle-même.

« Il est vrai que, ces dernières années, les mécanismes de consultation fédérale-provinciale se sont considérablement améliorés: fonctionnaires et hommes politiques se rencontrent plusieurs centaines de fois par an.

« Mais au Québec et en Alberta, on se sent ligoté par Ottawa sur des questions cruciales: répartition des impôts mal adaptée aux énormes changements économiques et technologiques survenus depuis 1867; intrusions cavalières dans des domaines qui, d'après la Constitution, relèvent clairement des provinces; institutions fédérales — la Cour suprême et divers organismes régulateurs, par exemple — dont le mode de recrutement et les compétences font sérieusement douter d'une juste balance des intérêts fédéraux et provinciaux.

« Vous vous méfiez peut-être plus que nous des suzerains d'Ottawa qui ont la haute main sur les communications, l'immigration ou le développement régional; c'est leur empire en matière d'énergie, d'agriculture ou de transports qui certainement nous agace le plus. Mais le principe est le même: nos intérêts primordiaux à tous deux sont trop souvent définis par des gens peut-être moins soucieux que nous de notre mode de vie particulier.

« Quelles sont nos aspirations communes? Tout d'abord, la soif de dignité des Québécois et des Albertains.

« Ensuite, nos deux provinces veulent avoir une prise bien plus ferme sur leur destin économique, particulièrement dans les domaines où nos populations respectives trouvent une grande part de leurs revenus.

« Enfin, au Québec comme en Alberta, nous voulons que la constitution canadienne soit modifiée pour respecter notre dignité et nos droits économiques. Les uns comme les autres, nous voulons beaucoup de latitude pour définir le statut constitutionnel qui exprime le mieux notre personnalité propre au sein de la communauté canadienne.

« Ces aspirations communes appellent des projets communs. Je propose donc une alliance Alberta-Québec pour contribuer à l'émergence d'un nouveau Commonwealth canadien.*

«Je dis Commonwealth pour mettre en relief l'esprit de famille dans lequel tous les Canadiens doivent réapprendre à travailler. Je dis Commonwealth pour chercher à rejoindre les fibres les plus saines du nationalisme québécois d'aujourd'hui.

«Je dis Commonwealth, enfin, pour souligner ma conviction qu'il ne s'agit pas d'essayer de sauver le Canada, mais de le réinventer. Il faut réinventer le Canada en sachant que si les Albertains comme les Québécois pourraient faire cavalier seul, ils s'enrichiront plus, sur le plan de l'âme et de la civilisation, en remettant leurs enjeux dans le fonds commun, avec les autres Canadiens.

«Liberté, tolérance, générosité d'esprit, fraternité lucide : telles sont les véritables valeurs que le Canada devrait véhiculer. Ces valeurs libéreront de nouvelles énergies d'où découleront tous les gains matériels que citent tant de Canadiens pour assimiler notre pays à une vulgaire succursale de banque.

«Tout cela n'est, bien sûr, que voeux pieux, à moins que Québécois et Albertains — qu'ils soient mêlés ou non à la politique — commencent à ouvrir les portes d'un nouveau dialogue. Pour concrétiser mes espoirs en une solidarité canadienne plus éclairée, j'annonce dès aujourd'hui qu'au cours des trois prochaines années, mon gouvernement prendra les mesures pratiques que voici :

«—Pour accueillir 60 000 Québécois dans le cadre d'échanges professionnels et familiaux, nous allouons $10 millions par an à notre société d'Etat, la Pacific Western Airlines, qui pourra ainsi leur offrir des voyages forfaitaires à prix réduit en Alberta ;

«—1 000 bourses par an, de $5 000 chacune, permettront à des étudiants québécois d'étudier en Alberta ;

«—Une série de six colloques publics se tiendront aux parcs nationaux de Banff et de Jasper où quelque 2 400 universitaires, chefs syndicaux et fonctionnaires québécois et albertains pourront envisager une large concertation entre

___

*J'emprunte ce mot (« Commonwealth ») au vocabulaire de mon ami le professeur Gérard Bergeron (voir son livre L'Indépendance : oui, mais..., les Editions Quinze, 1977, pp. 168-177).

77

nos provinces en matière d'énergie, d'industrialisation, de transports, de circulation des idées et de constitution.

« Ces propositions pour une libre interaction des esprits québécois et albertains ne sont dirigées contre personne. Elles souhaitent seulement que nos deux peuples, celui des pionniers de la première heure et celui des plus récents pionniers, découvrent une nouvelle relation et — qui sait? — un nouveau pays.»

Essayez-donc quelque chose comme ça, monsieur Lougheed, et on vous traitera encore peut-être d'Arabe aux yeux bleus, mais métamorphosé en Anouar Sadate.

Apparentements peu apparents*

(...) Même si cela vous déchire le coeur — c'est-à-dire si vous n'aimez pas le bilinguisme anglais-français ou la Loi sur les langues officielles — il me semble que la plupart d'entre vous en êtes au stade du fatalisme constructif. Vous avez même dépassé cette phase et réalisez que si nous pouvons faire respecter les droits de 26 p. 100 de la population canadienne qui parle français, il y a de bonnes chances que nous puissions faire reconnaître ceux des 1, 2 ou 3 p. 100 de Canadiens qui parlent allemand, ukrainien, italien, ou une autre langue. Mais je n'aime guère faire des preuves, calculatrice en main. Nous discutons des droits pratiques des Canadiens, et à la longue il faut être pratique. La seule chance de protéger les droits des gens attachés à la langue et à la culture ukrainiennes, c'est de former une alliance spécifique avec les francophones — car si l'on parle maintenant de pluralisme culturel au Canada, c'est grâce aux aspirations et à l'existence même des francophones.

Sans eux, nous aurions un autre « melting pot » à l'américaine; nous, Canadiens, nous avons opté pour une sorte de mosaïque — c'est du moins ce que nous aimons penser; lorsque nous grattons un peu sous cette mosaïque, nous constatons qu'elle n'existe que parce que, dans ce pays, un quart de la population parle français depuis quatre siècles et qu'elle a l'intention de vivre, de respirer, et de mourir en français. A cause des francophones, il y a (malgré toutes les entorses) un certain climat de tolérance envers l'ukrainien, l'allemand, l'italien et les autres langues. Sans le français, je

---

*Extraits d'une causerie devant les associés du Canadian Institute of Ukrainian Studies, University of Alberta, Edmonton, 10 septembre 1977.

suis convaincu qu'il aurait été très difficile de promulguer une politique de multiculturalisme.

A mon avis, les stratèges d'Ottawa devraient se souvenir qu'il n'y a pas d'antagonisme inné entre multiculturalisme et bilinguisme. Voilà deux mots qui allument des débats incendiaires parmi les gens qui ne voient que les chiffres et les difficultés de concilier 5 ou 25 langues avec deux. Mais prenez le principe sous-jacent, la diversité, et vous verrez que c'est justement notre diversité français-anglais originelle qui a engendré une société tolérante, respectueuse du pluralisme. (...)

J'ai l'impression que dans les deux camps — l'ukrainien et le français — ce phénomène est rarement compris. Plusieurs membres de votre élite ukrainienne le perçoivent fort bien, mais que de fois ai-je entendu de soi-disant hommes politiques « ethniques » dire que le bilinguisme, ils en avaient plein le dos ! « On n'en veut pas ! Pourquoi donnent-ils tout aux Français ? » Moi, je leur réponds : « Ecoutez, messieurs, ne tapez pas sur vos meilleurs alliés, sur des gens qui défrichent pour vous, parce que si les francophones se cassent la figure, ça va être très dur pour vous. » Je sais que pour certains cela demande un effort d'imagination, mais je crois vraiment à cette relation.

Allons au fond des choses, le respect d'une société pour le pluralisme culturel : si les francophones réussissent, il y aura de l'espoir pour les autres groupes linguistiques.

Quant au statut particulier du Québec, c'est un problème auquel il nous faudra faire face en cas de restructuration radicale du pays sous forme d'Etats associés. Mais si les Canadiens anglais s'énervent, s'ils deviennent francophobes au point de rejeter le principe du pluralisme culturel et optent pour une sorte d'amalgame effréné, à ce moment-là le multiculturalisme connaîtra de sérieux problèmes. Voilà pourquoi, si vous n'avez pas vraiment médité cette question en ces termes, vous devriez, à mon avis, écouter vos chefs lorsqu'ils vous disent que les francophones (dans cette province cela signifie les Franco-Albertains) sont vos meilleurs alliés. Voilà pourquoi vous devriez faire équipe avec les francophones hors du Québec, car ils ont maintenant une fédération nationale très solide. Au lieu de vous entre-déchirer, vous devriez mettre vos forces en commun pour défendre le principe du pluralisme linguistique et aider les francophones à obtenir un statut qui, à cause de leur nombre et de leurs antécédants, serait respecté d'une côte à l'autre. (...)

Voilà du réalisme politique de premier ordre pour les hommes politiques et les penseurs de la communauté de langue ukrainienne qui voient au-delà des colères de clocher, des antagonismes superficiels et des slogans (fort compréhensibles d'ailleurs, mais irréalistes) qui prétendent que vous seriez des citoyens de seconde zone. Eh bien ! vous n'êtes pas des déclassés ; ce n'est absolument pas le cas. Si les Canadiens francophones sont respectés, vous avez l'espoir d'être respectés aussi ; c'est pourquoi j'ai toujours soutenu le «multiculturalisme» et pourquoi il me semble parfaitement dans le droit chemin du bilinguisme auquel j'ai été associé.

Si nous devons avoir un Canada, ce sera un Canada de diversité dont le rêve et le critère cardinaux seront la tolérance. Cette tolérance, nous l'avons si souvent oubliée et bafouée que mon voeu a quelque chose de risible, mais c'est pourtant la seule solution. Comme l'aurait dit Daniel Johnson, ce sera l'égalité ou l'indépendance ; cette égalité peut s'étendre également aux Canadiens d'origine ukrainienne, bien que dans des termes différents. Mais la dignité égale, nous pouvons l'obtenir, et c'est pourquoi je vous demande de réfléchir un peu à cette alliance spontanée avec les minorités francophones, ainsi qu'avec le nouveau groupe appelé Canadian Parents for French, un groupe composé d'anglophones modérés. Je vous demande, enfin, de militer ensemble pour ce principe de tolérance, en toute lucidité et réalisme.

Militez donc pour le principe du pluralisme culturel et de la tolérance linguistique. Un jour, alors, nous nous retrouverons tous avec le seul Canada qui en vaille la peine : un Canada original et civilisé, un Canada d'égale dignité, en un mot, un Canada canadien.

Taj Mahal à Toronto*

Lorsqu'un quelconque homme politique cloue trois planches ensemble, il proclame qu'il a construit le Taj Mahal. Offrir des logements décents tout en réussissant à se faire passer pour un tenancier de bidonvilles relève tout bonnement du génie politique.

Le « génie », c'est le premier ministre de l'Ontario, Bill Davis, et les logements, ce sont les efforts importants mais quasi clandestins de son gouvernement pour respecter les droits des Franco-Ontariens.

Au cours d'une affligeante petite machination la semaine dernière, M. Davis a jeté l'ombre du doute sur deux points : 1) le sérieux avec lequel son gouvernement s'occupe d'offrir aux Canadiens francophones des droits linguistiques dignes d'une société civilisée ; 2) son propre avenir de réconciliateur dans la crise — peut-être fatale — que traverse le Canada.

Le prétexte ? Le projet de loi présenté à titre personnel par le député provincial libéral d'Ottawa, Albert Roy, qui voulait donner force de loi aux droits des 462 070 Canadiens francophones de l'Ontario.

M. Roy ne proposait pas une loi pour faire du français une langue officielle (seul parmi les dix provinces, le Nouveau-Brunswick est officiellement bilingue). Il voulait simplement que le gouvernement de l'Ontario soit légalement tenu d'assurer en français les besoins de la plus importante communauté francophone hors Québec, que ce soit en matière d'écoles, de tribunaux, de santé, de sécurité sociale ou de services municipaux.

Il ne s'agissait pas d'appliquer la loi à chaque hameau

---

*La Presse, 7 juin 1978.

anglophone, mais simplement aux aires de forte concentration francophone, et là encore en tenant largement compte des besoins et des possibilités pratiques de chaque cas particulier.

Tout d'abord, M. Davis surprit l'Assemblée en autorisant le vote libre sur le projet de M. Roy — geste rarissime et, pour tout un chacun, généreux. Des ténors de tous les partis appuyèrent le projet avec éloquence. Tous les députés présents, sauf six Tories environ, votèrent en faveur du projet. Alors M. Davis leur tira le tapis sous les pieds : il annonça qu'il ne laisserait pas le projet de loi aller jusqu'à la lecture finale.

Pourquoi ? Parce que le premier ministre croit que le projet de Roy est inutile et porteur de dissensions. On peut penser qu'en matière de division il craint plus pour son propre parti que pour l'opinion publique, mais il eut recours au prétexte fragile d'inutilité pour rejeter le projet.

Car en dépit des scandales isolés qui font avec raison les gros titres des journaux (la guerre sainte de la Commission scolaire de Windsor contre une école secondaire de langue française, le refus d'un procès en français pour Gérard Filion), les progrès de l'Ontario en matière de droits linguistiques pour les francophones au cours de la dernière décennie sont loin d'être de la poudre aux yeux.

John Robarts, le prédécesseur de Davis, lança la réforme en février 1968 : il proclama l'intention de son gouvernement d'offrir des services bilingues là où le besoin s'en ferait sentir. Davis confirma et élargit cet engagement en mai 1971. En voici quelques points saillants :

— 74 933 enfants fréquentent aujourd'hui 304 écoles élémentaires françaises ou bilingues, et 32 279 élèves font leurs études dans 35 écoles secondaires entièrement françaises et 24 autres bilingues.

— Plus de 800 brochures et publications gouvernementales sont à l'heure actuelle publiées en français ; l'année prochaine, tous les formulaires et tous les documents destinés au grand public doivent être disponibles en français.

— En 1976, le Procureur général Roy McMurtry inaugura un tribunal bilingue à Sudbury et il est en train d'en établir dans toutes les zones francophones de l'Ontario de l'Est et du Nord.

— Une aide est accordée aux municipalités pour développer leurs services en français.

—Des coordonnateurs du gouvernement travaillent à plein temps pour défendre les droits des francophones en matière de santé, de culture et de loisirs, de services communautaires et sociaux.

— Environ 20 p. 100 des excellentes émissions de TV-Ontario sont diffusées en français, alors que les francophones forment seulement 5,5 p. 100 de la population ontarienne.

Comme l'indiquent, hélas, les comptes rendus dévastateurs des groupes francophones, il reste pourtant des lacunes effarantes — les services sanitaires, les tribunaux et les services municipaux et provinciaux n'offrent encore rien de comparable aux droits linguistiques dont jouissent les Québécois anglophones, même sous la loi 101.

Mais si le courant de réforme pointe dans la bonne direction, se dit Davis, alors pourquoi s'embêter avec des lois ? Aveuglé par les traditions et l'opportunisme de son parti, il semble totalement incapable de saisir la nécessité de telles lois, qu'appellent pourtant l'histoire et la culture.

L'histoire a persuadé les Franco-Ontariens qu'aucune minorité francophone au Canada ne peut compter sur la bonne volonté ou sur la politique à la petite semaine d'une majorité anglophone pour voir ses droits linguistiques respectés. On se souvient encore avec douleur des promesses bafouées au cours du siècle précédant l'ère éclairée de Robarts.

L'histoire leur dit aussi qu'en tant que frères de race de Champlain, de Brébeuf et de Brûlé, les Franco-Ontariens ont des racines en Ontario et le droit de s'y sentir chez eux. Les « concessions », les « arrangements », les « plans d'action » montrent simplement aux francophones qu'ils sont — pour combien de temps encore ? — à peine tolérés.

Les Canadiens francophones, dont l'histoire est une lutte épique contre l'assimilation et qui en ont des souvenirs si vivaces, ne pourront voir la philanthropie de la main gauche de Davis que comme une nouvelle technique très raffinée de génocide en douceur.

Au Québec, cette même image de Saint-Vincent-de-Paul-malgré-lui détruit le potentiel de Davis comme homme d'Etat national.

Les Québécois, en bons cartésiens, écouteront un homme politique venu de l'extérieur leur raconter des histoires de patrie canadienne seulement s'il considère les droits linguistiques français comme un principe haut et ferme. Davis en parle comme s'il s'agissait d'une maladie honteuse.

Il est bien beau d'avoir du tact, de la prudence, et de se soucier des résultats de ses actions. Mais l'attitude de Davis au cours de son tour de passe-passe de la semaine dernière sentait la lâcheté, le cynisme et la manigance pour flatter les ignares.

Les seuls Québécois qui, désormais, écouteront Bill Davis, ce sont les séparatistes. Non pas qu'ils veuillent que Davis les fasse changer d'idée; mais parce qu'ils peuvent se servir de lui: chaque fois qu'il dit un mot sur les droits du français, il semble insinuer que les francophones ne sont pas tout à fait à la hauteur pour faire partie du Canada, à moins qu'ils restent au Québec.

Que le premier ministre de la province-charnière du Canada anglais se discrédite ainsi comme force constructrice et à ce moment précis, voilà qui, sans beaucoup exagérer, constitue une tragédie nationale.

Somme toute, il y a là une triste ironie. En dix ans, l'Ontario a jeté en faveur du fair-play linguistique des bases qui, bien qu'encore terriblement imparfaites, n'en sont pas moins respectables. Mais Bill Davis et ses bleus issus tout droit de Clochemerle ne peuvent joindre la parole — et le coeur — au geste, et par conséquent leurs compatriotes ne le croiront jamais.

Après tout, même le Taj Mahal n'est guère à son avantage dans la nuit noire.

Le bingo de Blakeney*

Un rédacteur pince-sans-rire de l'Ouest canadien affirme que, « en Saskatchewan, la politique c'est le bingo du coin ». Lors des élections provinciales de la semaine dernière, le premier ministre Allan Blakeney a gagné le gros lot: 44 sièges contre 17 aux conservateurs; voilà qui nous promet un nouveau jeu de bingo passionnant pour le Canada...

La même semaine, d'autres événements ont fait sentir à Pierre Trudeau que ses propositions constitutionnelles étaient en danger à l'Ouest. Lundi, l'élection partielle de Saint-Boniface l'a dépouillé de son dernier siège fédéral libéral au Manitoba. De plus, le premier ministre de Colombie britannique, Bill Bennett, et celui de l'Alberta, Peter Lougheed, ont, mardi et jeudi respectivement, réclamé plus de pouvoirs pour les provinces, ce qui ne manquera pas de provoquer des étincelles entre le 30 octobre et le 1er novembre, puisque pour l'Hallowe'en M. Trudeau va tenir à Ottawa une conférence sur la Constitution.

Le scrutin de la Saskatchewan a nettement souligné l'ambition des Prairies et de la région du Pacifique: fortes de leurs richesses naturelles prodigieuses, elles veulent arracher à M. Trudeau un rôle économique fédéral digne d'elles.

La question clé de la campagne électorale en Saskatchewan se résumait ainsi: quels étaient le meilleur procédé et la meilleure équipe pour administrer et taxer les richesses naturelles?

Après avoir amplement prouvé que ses électeurs lui faisaient confiance, M. Blakeney pourrait bien désormais se présenter comme le premier ministre le plus fraîchement mandaté—et certainement le plus écouté—sur la question

---

*La Presse, 25 octobre 1978.

la plus critique de l'Ouest canadien: celle des richesses du sous-sol.

Trois raisons supplémentaires donnent à M. Blakeney la chance de rafler le titre de porte-parole no 1 de l'Ouest.

La Saskatchewan regorge de pétrole, de gaz naturel, de charbon, de potasse, d'uranium et de blé; elle est en passe de devenir la province canadienne la plus riche par tête d'habitant. M. Blakeney, boursier Rhodes et homme d'action, est de loin le plus intelligent et le plus ouvert de tous les premiers ministres canadiens...canadiens anglais, bien sûr. De plus, seul parmi ses collègues de l'Ouest, il ne laisse pas encore entendre ouvertement que M. Trudeau devrait plier bagage — ce genre de petite courtoisie huile quelque peu le dialogue généralement assez grinçant entre provinces et gouvernement fédéral.

« A Ottawa, Allan va se bagarrer dur pour les richesses naturelles », dit un proche observateur.« C'est un fédéraliste convaincu, mais, s'il le faut, il se fera aussi démagogue que Bible Bill Aberhart (le prophète créditiste de l'Alberta des années 30) pour obtenir des changements constitutionnels », surtout en ce qui concerne les impôts sur les richesses naturelles, et la Cour suprême, laquelle l'a récemment rembarré à deux reprises sur ce chapitre.

Trois jours après le triomphe de M. Blakeney, M. Trudeau a pour la première fois confessé qu'il verrait de tels changements d'un oeil bienveillant. Simple coïncidence? Le premier ministre fédéral y met une condition (le commerce interprovincial et international ne doit pas en souffrir) et prend ainsi l'allure d'un homme qui cherche à sauver la face tout en donnant l'impression qu'il cherche à sauver la nation à coup de concessions.

M. Blakeney est social-démocrate; ses motivations diffèrent donc quelque peu de celles des hommes de droite que sont ses trois collègues de l'Ouest. Pour lui, contrôler les richesses naturelles implique autant les rapports Etat-hommes d'affaires que les rapports Ottawa-provinces. Mais depuis qu'Ottawa l'a désavoué au profit des compagnies multinationales, la distinction devient du coupage de cheveux en quatre.

Si Ottawa a la jugeote de donner satisfaction aux quatre provinces sur la question des richesses naturelles, M. Blakeney pourrait devenir au Québec l'interlocuteur de l'Ouest que la situation exige de façon pressante.

« Le premier ministre ne s'engagera pas d'un pouce avec

René Lévesque pour briser le Canada », dit un proche de M. Blakeney, « qu'il s'agisse de souveraineté-association ou de tout ce que vous voudrez. Mais en admettant que les Québécois choisissent de rester au Canada, il serait partisan d'une très large autonomie culturelle et économique pour le Québec. »

Avec une telle position, M. Blakeney devrait être un allié de choix pour le chef libéral du Québec, M. Claude Ryan. Si l'on veut opposer une solution fédéraliste forte et neuve à l'option sécessionniste de M. Lévesque lors du référendum, il faudrait que d'ores et déjà M. Ryan et des dirigeants canadiens-anglais éclairés commencent à se mettre sur la même longueur d'onde.

Vertus victoriennes*

VICTORIA — Mince gaillard aux allures d'un fanatique du jogging, le premier ministre colombien Bill Bennett passe souvent pour le fiston un peu insignifiant du légendaire W.A.C. Bennett. Après trois ans au pouvoir, le petit Bill commence à se profiler à l'horizon national avec un étonnant relief: c'est aujourd'hui le père qui se trouve éclipsé.

Cette semaine, Bennett Jr. meuble les archives publiques de toute une série de brochures donnant en détail le point de vue de la Colombie britannique sur la refonte de la constitution canadienne. Déjà, en février, il avait rendu public un recueil de documents semblables sur l'économie. Ensemble, les deux collections d'articles écrits définissent, au nom de M. Bennett, une politique nationale plus cohérente que celle de tout autre premier ministre au pays.

Ces documents, tout en redorant le blason de Bill Bennett, vont peut-être également faire oublier les clowneries teintées de suffisance qui constituaient l'attitude officielle de la Colombie en politique nationale telle que précisée par son père durant les années 60.

Mieux encore, ses nouvelles prises de position en matière constitutionnelle donneront au premier ministre une autre corde à son violon — le patriotisme lucide — pour séduire les électeurs de sa province: tout indique un rendez-vous aux urnes dès cet automne.

Ces différents éléments se dégageaient nettement d'une interview ici la semaine dernière avec un Bill Bennett qui parlait d'un ton vif mais tendu.

Pendant longtemps, les Canadiens vivant à l'est des Rocheuses avaient tendance à considérer la Colombie comme

---

*La Presse, 4 octobre 1978.

un grand village peuplé de bohémiens égocentriques. Par conséquent, le premier ministre Bill Bennett surprend par l'ampleur de sa vision pancanadienne: « La Colombie britannique ne peut plus se permettre de prendre refuge derrière les montagnes et, d'un air complaisant, de scruter son nombril. »

Bennett père affichait une attitude de je-m'en-fichisme à l'égard du reste du Canada, laissant toujours entendre que sa province, elle, n'avait aucun problème. Le prédécesseur de Bill Bennett, le chef néo-démocrate Dave Barrett, proclamait souvent son attachement au Canada, mais faisait peu de choses pour concrétiser ses beaux principes patriotiques.

Quant à l'actuel premier ministre, il comprend clairement les liens pratiques entre la Colombie et le Canada: « Ce qui se passe sur le plan national peut nous affecter, reconnaît-il. Il s'ensuit que nous voulons dire notre mot au chapitre » (des questions nationales).

Cette vérité évidente mais souvent oubliée permet à Bennett (à la différence de nombreux autres politiciens) d'envisager la constitution et l'économie comme un seul problème, ou à peu près. « Entre les deux questions, je n'établis aucune priorité, dit-il, on ne peut pas les séparer. »

Le chef conservateur fédéral Joe Clark et le premier ministre Tory de l'Alberta, Peter Lougheed, n'ont aucun mal à séparer ces deux sujets — et cela pour des raisons à la fois partisanes et conceptuelles. Pour ces messieurs, quiconque se préoccupe de questions constitutionnelles (par exemple, des libéraux) se classe parmi les saboteurs et les dilettantes de l'économie.

Le dossier constitutionnel de Bennett repose solidement sur la relation économique entre la Colombie et le Canada. La Colombie britannique est une société perchée sur le littoral du Pacifique. Elle vit de ses exportations (produits forestiers, gaz, charbon, poisson), ce qui l'incite à préférer des échanges internationaux très libres: dans son monde idéal, la Colombie vendrait ses denrées largement convoitées à des prix mondiaux assez élevés, et achèterait ses produits manufacturés à des prix mondiaux assez bas (grâce à la concurrence serrée entre pays industrialisés).

En réalité, la Colombie britannique est la troisième parmi les provinces les plus riches du Canada (après l'Ontario et le Québec), voire la plus riche par tête d'habitant. Elle se trouve toutefois dans un carcan d'échanges relativement peu libres — les tarifs douaniers et ferroviaires du Canada étant fixés, depuis un siècle, pour protéger les industries coûteuses de ces deux « provinces de l'Est » : par exemple, celles qui fabriquent machines, appareils ménagers, chaussures et vêtements.

Selon le gouvernement de la Colombie, le Canada devrait baisser ses tarifs douaniers pour persuader d'autres pays de lui ouvrir plus généreusement leurs marchés pour des produits (de « haute technologie » ou axés sur des richesses naturelles — secteurs bien « colombiens ») que les Canadiens peuvent vendre à des prix réellement compétitifs. Un bénéfice marginal, de l'avis de Bennett : la concurrence des produits manufacturés étrangers sur le marché canadien nous aiderait à dompter l'inflation.

Avec l'appui des trois premiers ministres des Prairies, Bennett soutient que la vieille Constitution de 1867, qui tend à consolider l'hégémonie économique du Québec et de l'Ontario, doit être modifiée pour tenir compte de cette réalité massive : l'Ouest canadien est une puissance économique au moins égale au Québec.

En particulier — mais cette fois-ci avec moins d'enthousiasme de la part de ses voisins des Prairies — Bennett estime qu'au sein des institutions nationales la Colombie doit compter (avec la région de l'Atlantique, le Québec, l'Ontario et les Prairies) comme l'une des cinq grandes régions économiques du Canada. Ces cinq régions, selon lui, doivent se refléter dans la composition du Sénat et dans le mode de nomination à la Cour suprême. D'autres institutions pourraient s'ajouter à cette liste.

Aux yeux de M. Bennett, cette idée d'un Canada calqué sur cinq régions — idée esquissée voilà dix ans par son père, mais sans les analyses poussées commandées par le fils — constitue « la pierre angulaire des propositions constitutionnelles de la Colombie britannique ». A tel point que M. Bennett avoue que ses fonctionnaires sont allés plus d'une fois consulter à ce sujet le chef libéral du Québec, Claude Ryan, qui, à un moment donné, manifesta un certain intérêt pour cette notion.

M. Bennett (tout comme M. Lougheed) ne peut avaler l'expression « statut particulier » pour le Québec. Mais il note, comme jamais premier ministre provincial avant lui ne l'a fait avec tant d'éloquence et de clarté, que « le Québec est la patrie du français au Canada ». Voilà qui, affirme-t-il, rend le Québec « unique et différent de nous... nous devons reconnaître ce fait et ménager une place spéciale pour cette réalité ».

Jusqu'où le Canada devrait-il aller pour reconnaître une telle place au Québec ? Là-dessus M. Bennett demeure discret. Mais en empruntant le vocabulaire de la « troisième option », entre le rafistolage constitutionnel de M. Trudeau et l'entreprise de démolition de M. Lévesque, il laisse entendre qu'il irait loin...

Huîtres et espoirs*

CARAQUET, NOUVEAU-BRUNSWICK — La table crou-
lait sous des plateaux d'huîtres, de palourdes et de homards
dignes d'une orgie romaine. Arrosés d'un petit blanc, ces
mets fleurant bon l'Acadie commencèrent sur le coup de minuit à alimenter le rêve de trois chefs du Parti acadien: une
province maritime francophone au sein du Canada.

La fête d'ici, vendredi dernier, fut discrètement
bruyante, pleine de chansons, de rires, de bons mots et de
farces dont se régale l'humour acadien. Mais entre les 6 et 8
octobre, les fêtards vont secouer la baraque politique lorsque 1 700 représentants de la nation francophone la plus an-
cienne et la plus tenace d'Amérique du Nord se réuniront à
Edmundston, au Nouveau-Brunswick, pour décider de leur
destin dans les trois siècles à venir, ou du moins les cinquante prochaines années.

Hors des cercles nationalistes acadiens et québécois, le
Congrès national d'orientation des Acadiens du Nouveau-
Brunswick, en octobre, aura à peu près autant de retentisse-
ment au Canada anglais que l'élection de Miss Kitimat.
Dommage. En effet, la renaissance culturelle acadienne (elle
a eu droit la semaine dernière à la couverture de l'hebdoma-
daire français *L'Express*) qui fleurit depuis une dizaine
d'années pourrait bien, en fin de compte, provoquer un réajustement important des rapports de force anglais-français
dans la région atlantique.

Six peuples acadiens distincts, au moins, sont plantés le
long de nos rives atlantiques. Dans toute cette région (le
Nouveau-Brunswick mis à part), ils sont si éparpillés que
l'assimilation est une menace bien tangible. Pourtant, dans

---

*The Vancouver Sun, etc., 19 septembre 1979.

les parties nord et est du Nouveau-Brunswick, beaucoup de jeunes — et quelques moins jeunes — commencent à entrevoir les frontières d'une onzième province où, après deux siècles marqués d'abord par la déportation, puis par l'oppression sournoise, ils pourront finalement se sentir chez eux au Canada.

« Chez eux » : le mot touche profondément ce peuple pacifique mais fier. Le monologue épique *La Sagouine,* applaudi à travers le monde francophone (et présenté aujourd'hui en anglais à Toronto) le montre bien : les Acadiens sont un peuple doublement apatride.

Depuis que les Anglais ont volé leurs fermes et dispersé leurs familles en 1755, les Acadiens ont dû plier l'échine, puis se rebeller contre le type de discrimination anglaise rendu tristement célèbre par l'ancien maire de Moncton, Leonard Jones. Et avant d'accéder au chic politique (à cause de leur potentiel de levier contre le Canada anglais), ils étaient traités sans ménagement, et même avec une ironie méprisante, par les nationalistes québécois.

Aujourd'hui, après une décennie d'aide modeste d'Ottawa, après la reconnaissance symbolique de l'égalité de francophones et anglophones par la Loi fédérale sur les langues officielles (et celle, presque lettre morte, hélas ! du Nouveau-Brunswick), après les flatteries de de Gaulle et l'arrivée chez les voisins d'un gouvernement péquiste, on se prend à nouveau à espérer que les Acadiens auront un jour un vrai chez-eux.

A strictement parler, le Congrès d'octobre est loin d'être une assemblée du Parti acadien. Grâce à une formule complexe visant à refléter chaque facette de la société acadienne (sexe, âge, profession, région), les organisateurs indépendants espèrent mettre en place un « projet collectif » des différents points de vue de toute la société francophone.

Mais, contrairement aux conservateurs et libéraux provinciaux, le Parti acadien est la seule formation politique se consacrant spécifiquement aux aspirations acadiennes. Comme tel, il a de bonnes chances de peser lourdement dans la balance, le moment venu.

C'est le seul groupe qui ait ébauché la réflexion sur ce que pourrait être un avenir acadien solide au sein du Canada.

Fort du prestige d'un vote populaire de 13 p. 100 aux dernières élections provinciales (sans avoir acquis de siège à l'Assemblée, cependant) et de son important contingent d'intellectuels éloquents, le parti ne peut qu'imposer aux délibérations un ton urgent de revendications radicales.

Donatien Gaudet, le sympathique président du parti, m'a assuré que ses gens n'essaieraient pas de noyauter le congrès. S'ils tentaient le coup, d'ailleurs, l'Establishment acadien de Moncton (milieux d'affaires et universitaires), mais également bon nombre de délégués ouvriers soucieux de démocratie, pousseraient les hauts cris.

S'ils veulent définir une position commune dans le débat constitutionnel canadien, les Acadiens vont pourtant se heurter à un obstacle de taille: l'énorme diversité de leurs intérêts, une fois dépassées langue et culture. Si M. Gaudet et ses amis veulent que leur mouvement fasse boule de neige et devienne LA voix acadienne, ils ne devront pas se contenter de rallier mandarins et mal-aimés, mais aussi de nombreux fermiers, pêcheurs et surtout hommes d'affaires qui, aujourd'hui, appuient les libéraux et même, à l'occasion, les Tories du premier ministre Richard Hatfield.

Prédire un nouvel avenir acadien demeure un exercice de science-fiction. Trop de variables interviennent, y compris l'indépendance possible du Québec, l'établissement d'une frontière acceptable aux uns et aux autres au milieu du Nouveau-Brunswick coupé en deux et, bien sûr, la réaction du Canada anglais.

Que certains gâte-sauce péquistes du Québec méditent en passant sur cette petite question: en incitant le Parti acadien à scinder une province existante, le gouvernement du PQ pourrait donner un périlleux exemple aux anglophones de l'ouest du Québec. Si le Québec quittait le Canada, ceux-ci pourraient, tout comme le Parti acadien, invoquer le principe d'une nouvelle province taillée dans une vieille.

A l'heure qu'il est, tout le monde respecte les frontières du Québec, et l'idée paraît donc absurde. Mais comme René Lévesque aime à le dire: « Ce qui vaut pour l'un vaut pour l'autre », et si une nouvelle province acadienne devait émerger (ce qui serait peut-être une bonne chose), les péquistes auraient bien du plaisir à jésuiter sur ce qui, en bonne philosophie démocratique, distingue un Anglo-Québécois d'un Franco-Newbrunswickois.

Les Canadiens anglophones devraient ouvrir coeur et esprit pour comprendre la réunion acadienne d'octobre. Si la presse anglaise en fait écho, elle va sans doute sonner l'alarme et donner l'impression qu'il s'agit d'une bande de trouble-fête nationalistes légèrement cinglés.

Nous ferions bien de filtrer ces impressions à travers le prisme de deux siècles de douleur acadienne au Canada. En nous mettant dans la peau des Acadiens, nous devrions essayer d'imaginer ce qu'il en est d'être sans patrie sur sa propre terre, après avoir vécu ce qu'ils ont vécu et perdu ce qu'ils ont perdu.

Pour nous, Anglais, quelle serait la meilleure façon de pénétrer un peu dans l'âme acadienne ? Peut-être une petite incursion dans une orgie d'huîtres à Caraquet. Le vin blanc et les mets à parfum d'Acadie aidant, nous découvririons peut-être alors que l'espoir et la cause des Acadiens, c'est simplement d'aimer le Canada autant que nous... mais à leur manière et sur un coin de terre bien à eux.

Le soleil se lève à l'Ouest*

...Qu'avons nous vu le 22 mai?** Pas simplement un passage des libéraux aux conservateurs ou des « Français aux Anglais », mais bel et bien l'éclipse, partielle mais spectaculaire, du Canada central par l'Ouest nouveau.

Comment cet événement devrait-il affecter les calculs du Parti québécois?

MM. René Lévesque et Claude Morin devraient tout d'abord réviser leur idée du Canada. Les théoriciens péquistes persistent à diviser le pays en deux blocs rigides (français contre anglais), alors qu'en réalité le Canada est formé de quatre régions (cinq, selon la Colombie britannique), et qu'Ottawa n'est point gouverné par un « Canada anglais » monolithique. Même avec un nombre de sièges à peu près égal en Ontario, ce sont tout de même les conservateurs de l'Ouest qui sont les grands vainqueurs.

Ensuite, l'équipe multi-ethnique des conservateurs de l'Ouest va entonner pour les Québécois un canon à plusieurs voix qui, sur certaines questions culturelles (radiodiffusion, édition, films), dépassera de loin le solo limité des intérêts anglais. Certains Tories — des hommes intelligents et civilisés comme le nouveau ministre des Transports Don Mazankowski par exemple — se montreront étonnamment fair-play envers les francophones.

Troisièmement, la montée de l'Ouest coïncide avec un déplacement révolutionnaire du poids économique vers Vancouver, Calgary et Regina. Amorcé il y a une dizaine d'années, le flot d'investisseurs, d'entrepreneurs et de finan-

---

*La Presse, 6 juin 1979.
**Jour des élections fédérales de 1979.

ciers en provenance de Montréal et de Toronto s'est transformé en véritable raz-de-marée.

Doté de 28 p. 100 de la population canadienne, fournissant plus de 31 p. 100 du produit intérieur brut du pays (et ayant maintenant plus de sièges à Ottawa que le Québec), l'Ouest fait couler assez d'encre pour alimenter tout un rayon de nouveaux magazines économiques et pour attirer correspondants et pigistes de la presse nationale et internationale.

Cet impact vital donne à l'Ouest une quatrième caractéristique aux yeux des stratèges péquistes : l'optimisme. Depuis qu'il est au pouvoir, René Lévesque est aux prises à Ottawa avec un gouvernement coriace mais fatigué et souvent fataliste.

Le PQ considère M. Clark comme un esprit médiocre qui ne saisit guère les subtilités spirituelles des Québécois. C'est peut-être vrai. Mais M. Clark (et avec lui notre nouveau gouverneur général manitobain Ed Schreyer) symbolise un potentiel et une simplicité pionnière qui pourraient, temporairement du moins, changer sinon les défis, du moins le climat des transactions fédérales-provinciales.

Même mal informé, l'esprit de conciliation pourrait chambouler plus (jusqu'à un certain point) les plans péquistes que l'antagonisme lucide des libéraux — qui avait souvent pour effet de fabriquer des martyrs en série.

Pour le PQ, le changement le plus rude viendra peut-être de l'humeur des « Westerners » hors gouvernement. Après une décennie de « pouvoir français », comme on dit ici, l'Ouest a le sentiment d'être la cinquième roue de la charrette au Parlement, ce qui a énormément renforcé le camp normalement marginal des anti-Français.

Les coups de gueule des habitants de l'Ouest contre le bilinguisme et un anti-trudeauisme virulent ont fait les délices des sécessionnistes québécois. Évidemment, il n'était pas du ressort des péquistes de souligner que la francophobie était surtout le résultat d'explications lamentables du bilinguisme par l'Etat fédéral, et que la trudeauphobie reposait sur une politique en matière de richesses naturelles et de tarifs ferroviaires et douaniers favorables à l'Est, et sur le tempérament pas toujours angélique de l'ancien premier ministre.

Depuis que le PQ a pris le pouvoir en novembre 1976, la grogne antifrançaise s'est déjà calmée. L'Ouest nouveau avec lequel MM. Lévesque et Morin doivent dorénavant traiter s'inspire davantage d'élites ouvertes comme la Canada West Foundation, organisme situé à Calgary qui envisage un arrangement plus juste pour le Québec comme pour l'Ouest, et l'association Canadian Parents for French (autre création calgarienne), qui compte 10 000 membres dans 28 villes d'une côte à l'autre.

Fort de son pouvoir trop longtemps dénié, un Ouest plus « décrispé », plus généreux et plus canadien va sans doute naître. Désormais, le PQ pourra difficilement accuser tous les Canadiens anglais d'être des « Rhodésiens de Westmount » ou des régionalistes à oeillères accrochés aux éperons du premier ministre de l'Alberta Peter Lougheed...

3 Le Québec entre la peur et l'espoir : **le premier référendum**

« Un Québec libre dans un Canada fort et uni. »

YVON DESCHAMPS

a) **Le forum référendaire**

> « Concluons un marché : Si
> vous cessez de dire des men-
> songes sur nous, nous cesse-
> rons de dire la vérité sur vous. »
>
> ADLAÏ STEVENSON

Alerte à la référendite galopante !*

Tenez-vous bien : devançant encore une fois la presse du monde entier, on vous annonce ici une nouvelle-choc. Figurez-vous qu'au troisième sous-sol du célèbre hôpital Saint-Charcutier à Montréal se trouve un brillant chercheur médical d'origine grecque, le docteur Hysterios Politicos. C'est lors de la réunion du comité du prix Nobel de médecine, cette année, que l'univers apprendra son nom et son exploit. C'est lui, en effet, qui vient de découvrir un symptôme complètement inédit du système nerveux : la référendite galopante (RG).

Fidèle à ses traditions, le journal que vous lisez est heureux de vous livrer cette primeur avant même qu'elle ne soit entérinée par les hautes sphères médicales. Voici donc, à partir d'une note de laboratoire du Dr Politicos en personne, les détails essentiels sur les victimes de la RG, sur les symptômes de cette maladie, et sur le traitement indiqué.

Les victimes ? Celles-ci habitent tous les secteurs de l'élite (disons plutôt l'Establishment...) politique du Canada. Cette vaste catégorie, qui comprend tous ceux qui se nourrissent de la chicane sur les affaires de l'Etat, accueille en particulier les citoyens suivants : les hommes politiques actifs, les hommes politiques inactifs mais pleins d'espoir, les patriotes de tout crin (pan-canadiens, Québécois et Albertains), les rois-philosophes, les spéculateurs en viande de porc, les éditorialistes, les clowns à la télé, et même un certain nombre de fantassins-scribouillards comme votre humble serviteur.

Selon le Dr Politicos, la RG a récemment atteint quelques princes provinciaux tels que le premier ministre Bill

*La Presse, 28 mars 1979.

Davis de l'Ontario, M. Richard Hatfield au Nouveau-Brunswick et M. Sterling Lyon au Manitoba.

Toutefois, vous pouvez le deviner, l'état désormais classique de RG se trouve sur les deux rives de la rivière Outaouais : il s'agit des frères ennemis René Lévesque et Pierre Trudeau et de leurs sympathiques seconds, Claude Morin et Marc Lalonde.

Selon le Dr Politicos, il ne demeure qu'un seul géant de la politique qui ait échappé aux ravages de la RG : le chef conservateur Joe Clark. La raison de son immunité ? M. Clark a l'impression que la souveraineté-association est seulement un synonyme inoffensif pour le fédéralisme de fiefs pratiqué par son génial ancien patron, le premier ministre Peter Lougheed de l'Alberta.

Résumons ensuite les symptômes de la RG :

1. Les obsessions théologiques:

Dieu, fort prudemment, se place de toute évidence de tous les côtés dans notre débat référendaire — que Dieu s'appelle l'histoire, la « normalité » ou l'unité nationale — Pourtant, la victime RG est certaine que la Providence se range exclusivement de son côté à elle.

2. Déformation de la vision :

Pour les victimes fédéralistes de la RG, le Parti Québécois n'est qu'une cabale de « tribalistes » neurasthéniques. Elles sont incapables de constater que le PQ, malgré ses coquetteries d'ordre classique, véhicule quand même une conception très valable de la dignité humaine.

Les victimes péquistes, par contre, ont tendance à considérer les fédéralistes comme des traîtres à la culture, quand ils ne sont pas des oppresseurs avides. Les péquistes oublient souvent que leurs adversaires poursuivent, pour la plupart, exactement le même objectif de dignité humaine qu'eux, bien que par des moyens différents.

3. La manie d'enfiler des mouches :

Selon le bon docteur grec, les cas avancés de RG, qu'ils soient fédéralistes ou péquistes, s'obstinent à dépister des rappels et des confirmations de leur thèse dans la moindre facette de la chose publique. Il est vrai que le vice canadien a toujours été de transformer des chances en problèmes ; mais le syndrome RG raffine le vice au point de métamorphoser en guerre sainte un litige mineur sur la taxe de vente.

Le Dr Politicos, soucieux d'enrayer l'épidémie RG de la

façon la plus expéditive, n'hésite pas à proposer le traitement draconien que voici :

a) *L'ambiguïté constructive :*
Dans tout référendum québécois ou fédéral, estime
l'éminent chercheur, René Lévesque et Pierre Trudeau devraient adoucir le traumatisme d'un choix
clair en escamotant délibérément la question posée.
Il ne suffit pas, côté mystification, de rebaptiser
l'« indépendance » du joli nom de « souveraineté-
association ».

Pour baisser la fièvre RG, il faudrait plaquer
carrément la notion d'un oui ou d'un non en faveur
d'un éventail de réponses beaucoup plus rassurantes.
Par exemple : « peut-être », « ça dépend », « oui,
mais », « je ne le crois pas », ou « attendons le prochain sondage Gallup ».

b) *Une grève indéfinie de la presse :*
Vraiment, mais vraiment, quand il s'agit d'éliminer
la RG, « pas de nouvelle, bonne nouvelle ». Le silence
généralisé de la presse risque sans doute de causer à
quelques politiciens une crise de narcissisme mor-
telle. Mais pour affamer la RG, il faudrait plusieurs
mégadoses de pénicilline.

Un bénéfice marginal pour nous les journalistes.
Le chômage obligatoire nous donnerait enfin une
chance élégante d'accepter les emplois mieux payés
et plus prestigieux qu'on nous offre constamment...
dans les relations publiques et dans la vente des en-
cyclopédies au porte à porte.

Dr Politicos, vous avez bien mérité de la patrie.

Mon général, revu et corrigé*

Quoi? Encore un article sur la visite chez nous du premier ministre français Raymond Barre? Mais oui. Car pour le meubler, j'ai réussi, grâce à une femme de chambre de l'Elysée que nous appellerons Brigitte, à mettre la main sur l'aide-mémoire confidentiel que M. Barre a composé sur son périple à l'intention du président Valéry Giscard d'Estaing.

D'abord, un mot de félicitations à M. Barre, cet homme que nombre de Canadiens ont appris à aimer et à respecter pendant son séjour ici. Dans le guêpier des relations Ottawa-Québec, M. Barre a réussi un tour de force d'objectivité et, en quelques jours, a donné une nouvelle dignité à la politique de la France au Canada. Vous verrez d'après son aide-mémoire (ne me dites pas que vous doutez de son authenticité...) que M. Barre a également injecté à cette politique un nouvel élément de lucidité.

Voici donc, avec les compliments de la belle Brigitte, ce que M. Barre a dit à M. Giscard d'Estaing:

« Monsieur le Président,

Je reviens d'un voyage bien étrange chez un peuple bien plus étrange. Exténuants mais combien riches en perspectives, les six jours que j'ai passés à Ottawa et au Québec m'ont persuadé que nous devons aligner notre politique de « non-ingérence et de non-indifférence » sur de nouvelles réalités dans les domaines protocolaire, culturel, économique et géopolitique.

« — *Le protocole*: Mon Dieu, que ces Canadiens ont peu de talent pour les petites politesses d'Etat! A Ottawa, on rappelait à chaque instant la présence du drapeau canadien... et la persistance de certaines vieilles vexations. Mais

---

*La Presse, 21 février 1979.

j'ai le regret de vous dire que ce furent nos amis québécois, en particulier M. René Lévesque (d'habitude un homme très digne), qui oubliaient que le protocole suppose un minimum d'élégance.

« Quand des rivalités protocolaires risquent de trivialiser la France, je pense qu'il n'est guère opportun de les aiguiser. Au moment où la solidarité entre la France et le Québec est bien acceptée à l'intérieur du cadre fédéral, il me semble utile que la France, le Québec et le Canada minimisent l'importance du protocole en faveur d'une collaboration concrète et rentable pour tous les partenaires du triangle.

« — *La culture :* le secteur prioritaire pour notre action, que nous pouvons développer avec le plein accord et d'Ottawa et de Québec, doit demeurer le renforcement de la langue française. Cet effort doit porter principalement sur le Québec, dont la vitalité en tant que société francophone déterminera de toute évidence l'influence qu'aura le français partout ailleurs au Canada.

« Toutefois nous devons étendre ces efforts à deux autres fronts : celui des francophones hors Québec (il en existe près d'un million), et celui des enfants anglophones, dont les parents par centaines de milliers souhaitent qu'ils apprennent notre langue.

« — *Nos intérêts économiques :* malgré tous les accords formels que nous signons avec le Québec, nous devons nous rendre à l'évidence que nos investissements dans cette province sont loin d'avoir l'importance stratégique de nos placements au « Canada anglais ».

« Il va de soi que nous devrions essayer d'approfondir nos échanges commerciaux avec le Québec, mais sans pour autant permettre qu'une politique irréfléchie à son endroit vienne compromettre nos très grands investissements dans le pétrole de l'Alberta et l'uranium de la Saskatchewan — sans évoquer les ouvertures que nous avons du côté d'Ottawa pour les avions, l'électronique, l'énergie nucléaire et la liquéfaction du gaz naturel.

« — *Nos intérêts géopolitiques :* depuis au moins 12 ans, vos collègues gaullistes se font les publicistes d'une doctrine à optique fort limitée, doctrine qui prétend que l'intérêt de la France (perçu à divers moments comme l'accès à l'uranium refusé par Lester Pearson ou comme l'expression d'un certain romantisme culturel) serait le mieux servi par un Québec indépendant. Nous comprenons tous deux que des

considérations de politique intérieure en France nous empê-
chent d'enterrer cette priorité incarnée par de Gaulle; peut-
être pouvons-nous la réinterpréter.

« De Gaulle se préoccupait par-dessus tout, n'est-ce pas,
de la domination du monde atlantique par les Etats-Unis. Ce
qui m'a le plus surpris au Canada était l'argument (offert
même par M. Pierre Trudeau) selon lequel la sécession du
Québec n'aboutirait pas du tout à la « souveraineté-association » — mais bien plutôt, et probablement en moins d'une
génération, à l'absorption du Canada anglais par les Etats-
Unis... en attendant le Québec.

Suivant ce scénario, que la fragilité actuelle de la fédération canadienne ne rend pas invraisemblable, le choix devant les Québécois (et nous) ne serait pas entre un « Québec
libre » et un « Québec colonisé ». Le choix réel serait entre
une province puissamment autonome au sein d'un Etat bi-
national et, au mieux, un Porto Rico français entouré par
une Amérique anglaise massivement agrandie.

« Quant à la France, elle n'aurait plus, dans cette perspective, 23 millions d'alliés sur le continent nord-américain
pour tenir tête à l'hégémonie de Washington; elle aurait en
face d'elle un bloc de 250 millions d'« Anglo-Saxons » qui
domineraient une masse terrestre gigantesque, rivalisée en
superficie seulement par l'Union soviétique.

« Tout cela, évidemment, n'est qu'une hypothèse. Mais
à y réfléchir, je me demande si, au moins une partie du
temps, nous ne devrions pas pratiquer notre « non-ingérence » au Québec et notre « non-indifférence » à Ottawa,
plutôt que le contraire, comme c'est présentement le cas.

« Une dernière requête. Si, dans deux ans, lors de la
prochaine visite prévue pour le Canada, je suis encore votre
premier ministre, je vous supplie de ne pas m'envoyer ex-
plorer les quelques arpents de neige de Voltaire à une saison
où il fait moins 32 degrés. Je ne veux plus jamais porter cette
ridicule casquette en fourrure de raton laveur.

« Je vous prie de croire, Monsieur le Président, en l'assurance de ma très haute considération.

Raymond Barre »

Deux documents, deux dignités*

La semaine s'est achevée sur deux documents qui inaugurent la lutte référendaire au Québec. Au milieu des éclats de verre et du sarcastique *Ô Canada* lancé à la tête de son gouvernement par 3 000 grévistes, le premier ministre René Lévesque a dévoilé *urbi et orbi* le plan de son régime pour l'indépendance. Et dans un minuscule magazine appelé *Report,* un proche second du chef libéral Claude Ryan nous a permis d'entrevoir une autre vision, opposée : un « statut canadien pour le Québec ».

Intitulée « La Nouvelle Entente Québec-Canada », la proposition de M. Lévesque n'est ni très nouvelle ni très « t'entente ».

Ses distorsions à l'Astérix de l'histoire canadienne répertorient chaque coup bas (réel ou mythique) infligé aux Canadiens français et ignorent allégrement les côtés moins sombres du Canada comme libertés, démocratie, prospérité et grandes réussites communes. En cela, et malgré toutes les utiles vérités qu'il expose, le texte péquiste est profondément malhonnête.

Dire que le concept de souveraineté-association se propage à travers le monde comme un feu de forêt est pure fantaisie. Car la différence entre le Canada et de sublimes conglomérations comme le Groupe d'intégration sub-régional des Andes saute aux yeux. D'un côté, un pays vigoureux et démocratique ; de l'autre, un château de cartes de cinq Etats unis seulement par une belle tradition de coups d'Etat militaires.

L'« entente » pour le Canada anglophone repose sur la certitude péquiste qu'une fois giflés en plein visage par la

---

The Vancouver Sun, etc., 10 novembre 1979.

111

réalité d'un « oui » au référendum, nous autres les Anglos allons très vite filer doux.

Les stratèges du PQ sont convaincus que l'Ouest, avec bientôt un tiers de la population et des richesses canadiennes, va avaler un « marché commun » où le Québec pourrait bloquer les produits agricoles bon marché de l'Ouest, tout en forçant celui-ci à acheter les textiles, les vêtements et les souliers relativement coûteux du Québec. Cynisme ou naïveté ?

Cela dit, le texte du PQ est bien tourné. Sa sélection de faits et d'arguments, plus sa simple éloquence, en font un puissant outil référendaire. De bout en bout, il nous fait visiter les détours de l'âme québécoise, ou du moins du nationalisme traditionnel.

L'excursion — qui expose les peurs, les insécurités et les aspirations du PQ avec une candeur peu commune — est intéressante pour qui veut dépasser le niveau superficiel des constitutions et saisir le malaise canadien au niveau des « tripes ».

Le second document n'a d'autre prétention que de donner un avant-goût du futur manifeste fédéraliste des libéraux du Québec. Mais le texte de trois pages présenté par Claude Forget, un lieutenant de Claude Ryan, promet « des recommandations imaginatives et surprenantes » dans le document complet attendu d'ici quelques semaines.

M. Forget nous laisse entrevoir quelques questions de structure et de procédure, mais il se préoccupe moins de la répartition « statique » des compétences entre Ottawa et les provinces que de la façon dont fédéral et provinces partagent et exercent ces pouvoirs.

Il veut que la domination par Ottawa soit remplacée par une harmonisation entre égaux — l'autorité fédérale d'une part, les autorités provinciales de l'autre. L'esprit démocratique d'un tel concept pourrait limiter dans tout le pays les querelles stériles sur les compétences constitutionnelles.

Les aperçus les plus fascinants rapportés par M. Forget révèlent que la décentralisation massive n'est pas une panacée pour la constitution, et indiquent qu'il faut laisser tomber les mots-épouvantails du genre «statut particulier pour le Québec» en faveur d'un espace vital dont pourraient tirer parti le Québec, l'Alberta, l'Ontario ou toute autre province.

Mais l'aspect le plus encourageant du texte de M. Forget

c'est sa confirmation que, lors de la campagne référendaire, les chefs libéraux des forces pro-canadiennes au Québec vont briser le carcan de la rhétorique nationaliste.

Pendant 18 ans, entre le réveil québécois de 1960 et l'élection de M. Claude Ryan, les libéraux québécois, et en fait tous les partis fédéralistes au Québec, s'étaient enfermés dans une dialectique futile avec les séparatistes pour remporter la palme du patriotisme ergoteur.

Il est essentiel que MM. Forget et Ryan rallient le reste du Canada à leur manifeste. Pour ce faire, un seul secret, qu'ils ont bien compris : une attitude canadienne, franche et positive. Tant que les autres Canadiens avaient l'impression que les revendications du Québec s'inscrivaient dans une surenchère nationaliste interminable pour détourner l'attention des Québécois de problèmes réels, ils tendaient à se boucher les oreilles.

Si l'équipe de M. Ryan arrive à articuler une vision canadienne claire et durable, elle a de bonnes chances de trouver un écho pour des idées fort radicales hors du Québec. Les autres Canadiens accueilleraient peut-être même ces propositions comme instruments susceptibles de faire avancer leurs propres intérêts trop souvent négligés.

Si le noeud gordien de notre Constitution était tranché, beaucoup de mérite en reviendrait à M. Lévesque et à ses collègues. Ils ne tiennent peut-être pas la bonne réponse concrète, mais leur indignation et leur souci de dignité ont précipité la question.

Maintenant, dans le bruit et la fureur de la campagne référendaire, MM. Ryan et Forget doivent montrer — avec un peu de compréhension de la part de leurs amis hors du Québec — que le courage et le souci de dignité des fédéralistes peuvent résoudre cette question du Canada.

b) Le dernier trombone: le pari péquiste

«La division des biens de l'Etat lors de la partition de l'Inde donna lieu à des scènes invraisemblables, marquées d'une étroitesse d'esprit et d'une mesquinerie parfois renversantes. A Lahore, le commissaire de police Patrick Rich répartit son équipement entre un adjoint musulman et un adjoint hindou. Il divisa tout: jambières, turbans, fusils, gourdins. Le dernier lot, les instruments de la fanfare de la police, Rich les distribua aussi équitablement: une flûte pour le Pakistan, un tambour pour l'Inde, une trompette pour le Pakistan, une paire de cymbales pour l'Inde... Finalement, il ne resta plus qu'un instrument, un trombone. Sous les yeux éberlués de Rich, ses deux adjoints, des camarades depuis toujours, en vinrent aux poings pour décider quel Dominion devrait hériter de ce dernier trombone.»

LARRY COLLINS et
DOMINIQUE LAPIERRE,
Liberté à minuit.

Billet doux pour le tango*

René Lévesque divise les Canadiens anglais en deux groupes: ceux qui aiment le détester et ceux qui détestent l'aimer.

J'appartiens à la deuxième race: il y a longtemps que j'admire cet homme dont l'intégrité, la dignité, le courage et la grâce dépassent de beaucoup ce que nous attendons généralement de nos hommes politiques. Qui plus est, je ne suis pas mécontent que M. Lévesque nous ait arrachés à notre torpeur et qu'il nous donne l'occasion — si chacun garde son sang-froid — de bâtir un Canada plus sain.

Mais penchant pour l'homme et même respect mis à part, on peut se demander si notre ex-vedette de la télévision la plus civilisée ne serait pas en train de monter un «show» de trop. Si le premier ministre ne refrène pas ses appels aux tripes improvisés, s'il ne met pas en sourdine ses répliques acerbes, il risque bien de se retrouver, non en bâtisseur de nation, mais en apprenti sorcier responsable du malheur des Canadiens, et en particulier des Québécois.

La sincérité de M. Lévesque, hélas! ne permet pas à elle seule de lui faire passer la rampe au Canada anglais. Et tous les sondages indiquent que s'il fait un four chez les anglophones sur l'association post-indépendance, le drame en noir et blanc de l'indépendance échouera le jour du référendum: moins d'un Québécois sur cinq veut le divorce total.

Mon entretien de la semaine dernière avec M. Lévesque ne m'a guère convaincu qu'il avait raison de vouloir la sécession. Par contre, je suis persuadé qu'il se prépare des déceptions avec son idée d'association et qu'il aura du mal à

*The Vancouver Sun, etc., 26 octobre 1977.

117

convaincre les non-Québécois de recoller les pots cassés s'il réussit à démanteler le pays. (...)

Mais son idée de souveraineté-association demeure une proposition sérieuse, et le PQ devrait peut-être la traiter avec plus de pondération que ne le montrent ses premiers efforts de séduction au Canada anglais.

Afin de favoriser le dialogue ouvert et détendu que M. Lévesque affirme souhaiter, nous dévoilerons ici à messieurs les stratèges péquistes quelques règles de notre Manuel du Parfait Amant Politique; quoi de mieux pour aider les Don Juan du PQ à nous entraîner dans le tango?

—Cessez de nous traiter de «terroristes économiques» chaque fois que nous vous demandons honnêtement comment votre divorce-avec-compte-en-banque-conjoint pourrait affecter la prospérité et le bonheur de nos enfants. Lorsque nous voulons découvrir spécifiquement si un marché commun à deux nations serait bon ou mauvais pour telle ou telle province, telle ou telle industrie, ne dites pas que nous faisons des «calculs d'apothicaires».

Nous sommes, certes, bien terre à terre de penser au boeuf albertain et au poisson de Terre-Neuve; mais, franchement, nous ne pouvons nous laisser bercer par vos couplets sur les cités-Etats grecques et le Bénélux; bref, sortez vos stylos (vous auriez dû vous y mettre il y a dix ans), et prouvez-nous que vous pouvez répondre à nos questions tatillonnes.

—Montrez-nous, analyses à jour à l'appui, comment fonctionnent — si fonctionnement il y a — les faramineux modèles étrangers que vous citez pour nous épater. Tout va-t-il vraiment comme sur des roulettes au Conseil nordique? Comparées aux conseils ministériels de Bruxelles — où l'on passe des nuits blanches à décider du calibre idéal de la betterave à sucre — nos conférences fédérales-provinciales n'illustrent-elles pas une efficacité quasi prussienne?

—Pourriez-vous suivre le sage conseil que M. Lévesque a donné à la presse la semaine dernière, et mettre «un peu plus d'honnêteté et d'humilité» dans votre drague? Nous savons que vous vous considérez comme «plus qu'un parti». Mais vous heurtez notre bon goût ou vous nous donnez le fou rire (deux réactions peu érotiques, convenez-en) quand vous proclamez être «l'incarnation de la continuité historique du peuple québécois». Votre arrogance morale n'est pas plus belle à nos yeux que la nôtre à vos yeux.

—Pourriez-vous également mettre la pédale douce à votre dogmatisme à la je-sais-tout? Vos sondages secrets vous persuadent que le Québec séparé dont vous rêvez est «inévitable» et «irréversible»; vos compagnons en péquisme (plus, semble-t-il, un fort penchant à prendre vos désirs pour des réalités) vous aident à considérer que, par définition, tout ce qui passe par la tête du PQ est «normal». Donnez-nous simplement des arguments, non pas des dogmes, et notre scepticisme tournera peut-être à l'intérêt respectueux.

Pendant que vous y êtes, pourriez-vous atténuer un peu votre confortable cynisme sur la bonne volonté du Canada anglais ou sur les avantages réels que le Québec pourrait y trouver? Nous autres, les «Anglais», nous avons vraiment d'autres chats à fouetter que de comploter jour et nuit sur l'art et la manière de subjuguer les Québécois; et le Canada, avec sa tolérance en guenilles et ses libertés, ce n'est tout de même pas l'enfer.

—Ne faites pas semblant de nous aimer, mais mettez un peu d'élégance dans votre entreprise de séduction «à froid». Si, par exemple, vous pouviez vous retenir de lancer des pointes mesquines et pisse-vinaigre sur notre «volonté de survivre», nous ne verrions même pas que votre plan «raisonnable et adulte» contient une note de vengeance.

—Sur la langue: prenez l'anglais ou le français, mais de grâce, soyez plus précis et, si vous le pouvez, un peu plus mesuré. Quand vous dites aux Québécois que vous voulez la souveraineté, l'indépendance et la libération d'un malfaisant Canada, vous devriez peut-être éviter de nous raconter, à nous, des blagues du genre «Nous voulons dire simplement l'autonomie», «Nous rafistolons la tuyauterie», «Nous préservons la ceinture septentrionale de l'Amérique du Nord», «Nous maintenons notre marché commun». Quant à la mesure, disons que l'inflation verbale de vos «pillage», «cinquième colonne», et «terrorisme économique», a peut-être des vertus purgatives, mais qu'elle risque de détourner notre attention de points éventuellement sérieux que vous pouvez soulever.

—Finalement, pourriez-vous vous souvenir un peu plus souvent que tout comme vous, nous sommes des êtres humains? Non pas des barons de la Bay Street, non pas des Rhodésiens de Westmount, mais simplement des gens ordinaires qui aimons notre pays, redoutons les démons sectaires maintenant lâchés, et ressemblons à vos gens ordinaires bien plus que vous ne voudriez jamais l'admettre.

En ignorant notre humanité, en vous convainquant, oeillères toutes déployées, que notre attachement à notre terre est simplement une combine de marchandage qu'un marché en carton-pâte peut étouffer, vous trahissez une naïveté époustouflante... comble de l'ironie chez des cyniques fiers et aguerris.

Enfin, voilà, en toute sympathie, quelques trucs pour nous conter fleurette, à nous les Anglos. Gageons que, vous aussi, vous en avez des tas pour nous aider à vous approcher.

Nous ne vous demandons pas, amis péquistes, d'être des anges, mais nous avons appris... que vous appreniez vite. Si vous essayiez vraiment toutes ces astuces que nous vous suggérons, nous pourrions peut-être vous étonner par notre rapidité à mieux piger votre proposition.

Et qui sait, nous finirions même par « détester l'aimer » un peu, tout comme nous aimons, à contrecoeur, M. Lévesque.

« Toubib or not toubib »*

EDMONTON—(...) Vous vous demandiez où était passé le docteur Camille Laurin après ses grandes manoeuvres en terrain miné qui permirent à la Charte du français de s'inscrire dans les lois? Eh bien! figurez-vous qu'il est revenu à ses premiers amours comme psychiatre... du peuple.

Mais cette fois-ci, dans son rôle de Saint-Christophe — ou peut-être de Saint-Exupéry — c'est nous les Canadiens anglais qu'il s'en va réconforter.

Prenez Edmonton il y a quelques jours. Suave et bienveillant, il était là à jouer les hommes en blanc pour quelque deux cents chercheurs de l'Institut canadien des études ukrainiennes. « Il nous a vraiment psychanalysés, s'exclama un professeur tout ébloui. Il nous a d'abord bourrés de complexes, puis de reconnaissance! »

Laurin récolta tous les lauriers. Son public attendait Himmler, ou pour le moins Lénine. Il eut droit à Louis Pasteur, un gentil collègue en rupture de ban qui pommada leurs tendres coeurs d'amadou en leur confessant tout de go qu'il lui tardait d'être de retour en leur sein, et, n'en doutons pas, parmi ses souris blanches.

Puis, tel un de Gaulle apprivoisant les colons hostiles de la mairie d'Alger, il leur fit le coup du « Je vous ai compris »: « Nous, les Québécois, comprenons fort bien ce que vous, les Ukrainiens, pouvez ressentir à la perte de votre patrie. » Et tout cela le plus sérieusement du monde.

Cet automne et cet hiver, des cohortes de ministres québécois vont être lâchées sur le Canada anglais ; or, il faut reconnaître qu'on ne saurait rêver meilleur fer de lance pour cette « campagne » (comme il l'appellera lui-même plus

*La Presse, 21 septembre 1977.

tard) que le docteur Laurin. On peut taquiner le personnage (et lui-même ne s'en prive pas), on peut regretter son style pamphlétaire et expéditif; mais on ne peut contester ni son sérieux, ni son intégrité, ni son profond dévouement.

Chez les péquistes, le docteur Laurin s'y entend comme personne pour parler de l'indépendance et de l'âme québécoise en termes psychanalytiques. Ses discours ne sont qu'« identité », « confiance en soi », « humiliation », « sécurité », et, bien sûr, le mot que René Lévesque déguste dix fois par jour : « normal »

L'autre passe-partout de cette psychothérapie de masse est le mot « inévitable ». Tout comme « normal » — dont la répétition obsessive trahit peut-être bien des insécurités — c'est moins un argument qu'un dogme destiné à tuer l'argument.

Par habitude ou par calcul, les deux termes servent à légitimer peu ou prou toutes les concoctions qui peuvent passer par la tête des chefs péquistes. Malheureusement pour eux, la litanie *ad vitam aeternam* de ces deux mots les empêche d'entendre tout bruit du monde réel qui pourrait contredire leur orthodoxie.

Les ministres de la caravane Laurin — pour le moment Bernard Landry, Claude Morin et le premier ministre Lévesque lui-même en font partie — agrémenteront leurs déclarations d'inévitabilité du pot-au-feu traditionnel des vérités et statistiques soigneusement écumées des péquistes — le tout visant à « prouver » que le Canada est un pays contre-nature, que les francophones n'y ont aucune place, et que nous serions tous bien mieux chacun dans notre coin.

Tout comme le docteur Laurin, et avec la même sincérité, ses collègues tâcheront de donner mauvaise conscience — et ils n'auront pas tout à fait tort — aux Canadiens anglais coupables de les avoir conduits au désespoir; ces mêmes Canadiens anglais devront ensuite remercier le PQ de leur avoir offert une solution apparemment raisonnable.

Pour les ministres, il s'agit, bien sûr, de faire avaler en douceur les plans du PQ aux Canadiens anglais hors du Québec, et qu'on se le dise. Ils espèrent que le jour du référendum l'image d'un Canada anglais résigné convaincra les électeurs indécis que — en dépit des avertissements de Trudeau et de tous les chefs provinciaux « anglais » — le Québec peut être indépendant tout en s'assurant une association avec le Canada anglais.

Faute de cette quasi-certitude d'association, tous les

sondages indiquent que les Québécois francophones rejette-
ront le paradis instantané des péquistes pour choisir l'épanouissement dans un Canada radicalement restructuré. A
supposer, bien entendu, qu'on leur offre une telle option.

Comment alors considérer l'opération « en-laisse-les-
limeys » ? Elle devrait être accueillie avec une bonne dose de
scepticisme par les anglophones, mais sans cynisme. Car les
hommes politiques ayant le courage de leurs convictions ne
sont pas légion. Et puis cette campagne est peut-être porteuse de grands espoirs pour un Canada revigoré.

Tout d'abord, l'offensive du charme semble devoir mettre fin pour le moment à l'arrogance et aux insultes de pré-
cédentes déclarations péquistes touchant le Canada anglais :
Lévesque et son tableau grotesque de notre histoire à New
York, le ministre des Finances Jacques Parizeau et ses petites pointes vengeresses dans *Maclean's*. Si les péquistes
veulent bien continuer un petit moment sur la bonne voie et
ne plus s'adresser aux anglophones en langage de charretier,
le débat lucide dont nous avons tous besoin peut s'en trouver facilité.

Ensuite, un bon nombre d'innocents Canadiens anglais
partisans du « laissez-les partir », lorsqu'ils seront assiégés
de près par l'artillerie lourde des dogmes indépendantistes,
verront les fréquentes distorsions des faits qui constituent,
hélas! une part « normale » de la propagande péquiste. Là
encore le réalisme devrait y gagner.

De plus, la rigidité abrupte des péquistes réveillera
peut-être enfin les partisans assoupis du statu quo, qui comprendront que cette fois-ci, c'est pour de bon.

L'affirmation tapageuse de l'identité québécoise soulè-
vera même peut-être au Canada anglais une ire créatrice
d'où naîtra l'identité collective des anglophones — élément
essentiel qui fait défaut actuellement pour un dialogue limpide.

Finalement, on commence à s'apercevoir que le défi péquiste, lancé à l'assaut des pénates anglophones, incite les
Canadiens anglais les plus réfléchis à rechercher une « troisième voie » entre les deux formules polarisées de Pierre
Trudeau et de René Lévesque.

Une troisième option est, on s'en souvient peut-être,
très précisément ce que recherche la commission Pepin-Robarts sur l'unité canadienne.

Votre psychiatre favori vous le dira : il ne faut jamais
faire une montagne des petites ironies de ce bas monde. Si

le docteur Laurin et ses collègues contribuent sans le vouloir à construire, non pas un Québec séparé, mais un Québec libre au sein d'un Canada plus libre et plus assuré, eh bien, on s'y mettra tous ensemble — entre thérapistes amis, il faut bien se rendre service — pour les aider à sublimer leur chagrin.

Nous ne leur dirons pas qu'ils ont perdu. Nous leur dirons — avec une reconnaissance sans ombre de culpabilité — qu'ils ont gagné. Quoi ? Mais bien sûr : gagné notre respect pour avoir été les premiers médecins-missionnaires d'un Canada « normal ».

Un vrai gouvernement,
un vrai dialogue*

MONTRÉAL — Les anniversaires appellent les bilans, non pas des ergotages. Et suivant tout critère objectif, les Canadiens anglophones doivent reconnaître que le premier ministre René Lévesque a, pendant deux ans, donné aux Québécois ce qu'il leur a promis lors de sa campagne électorale: un vrai gouvernement.

Dire cela n'est pas demander aux Anglo-Québécois de porter dans leur coeur certains aspects répressifs d'une loi linguistique par ailleurs nécessaire depuis longtemps. Ce n'est pas non plus inciter les Canadiens à l'extérieur du Québec à endosser un projet encore brumeux qui s'appelle souveraineté-association.

C'est seulement noter que les vues du Canada anglais sur le Québec ont besoin de reposer sur trois éléments: réalisme, lucidité, fair-play.

Plusieurs gouvernements provinciaux au Canada sont ternes, voire parfois ternis de moeurs discutables. En comparaison, l'équipe de M. Lévesque brille, à peu d'exceptions près, par sa qualité: compétence, honnêteté et assiduité y ont largement droit de cité.

Ni scandale majeur, ni désordre social. L'intendance économique du ministre des Finances Jacques Parizeau est de nature à plonger dans l'extase un banquier suisse. Un bilan législatif propre à épuiser les députés de l'Assemblée nationale pendant les 12 premiers mois — bilan comprenant, entre autres, les réformes suivantes: Charte de la langue française, financement plus démocratique des partis, l'assurance-automobile, une politique sur l'industrie clé de l'amiante, les soins dentaires pour les enfants de 14 ans et

*La Presse, 15 novembre 1978.

moins, la gratuité des médicaments aux personnes âgées, le logement.

Un grand point faible, pourtant, du gouvernement péquiste : son peu de succès à gagner le peuple avec lequel il affirme vouloir organiser une nouvelle relation basée simultanément sur la rupture politique et l'association économique : celui des Canadiens anglophones hors du Québec.

On pouvait pardonner à certains visiteurs péquistes au Canada anglais la douce satisfaction qu'ils affichaient dans les jours qui suivirent leur victoire d'il y a deux ans. Le 15 novembre, pour le Canada anglais, fut traumatisant ; pour les péquistes, ce fut un triomphe durement arraché.

Au cours de la dernière année, les ministres québécois abordèrent leurs auditoires canadiens-anglais avec plus de circonspection. Aujourd'hui, ils ne sautent plus sur toutes les occasions de débattre la haute théorie de l'indépendance. Ils préfèrent se concentrer sur les forums où leur ministère est à l'ordre du jour : transports, communications, richesses naturelles.

La défense et l'illustration du projet péquiste de souveraineté-association en tant qu'hypothèse générale semblent échoir à plusieurs députés éloquents, tels que les journalistes Gérald Godin et Pierre de Bellefeuille.

Quant à M. Lévesque lui-même, il se réserve pour quelques assises aptes à rejoindre un public très influent : un cas-type serait la conférence, l'an dernier, à Calgary, des éditorialistes de l'Amérique du Nord.

Au cours des derniers mois, M. Lévesque et ses représentants au Canada anglais ont appris les avantages de mettre en sourdine le sarcasme et l'insulte. M. Lévesque ne récidive qu'à l'occasion en lançant, contre une presse anglaise souvent critique, des attaques globales adressées à un fugitif « front commun ».

Toutefois, la vieille mentalité d'assiégés des péquistes — si typique de mouvements teintés de ressentiments historiques — demeure vigoureuse. Issue d'un mélange de colère et d'illusion, elle façonne les jugements du PQ sur le Canada anglais à tel point qu'elle met en danger la capacité du régime de comprendre avec réalisme le partenaire canadien-anglais avec lequel il souhaite une alliance économique.

« Nommez-moi un seul intellectuel ou homme politique au Canada anglais qui soit disposé à examiner nos idées sans parti pris », m'a confié avec amertume ce dernier week-end un stratège bien placé du gouvernement. « Ils (les anglophones) ne seront pas prêts à nous parler avant que nous gagnions le référendum et qu'ainsi nous les obligions à nous parler dans le cadre d'un nouveau rapport de forces. »

Comme la plupart de ses collègues, mon interlocuteur du moment préfère ne pas imputer les « réticences anglaises » à une quelconque faiblesse dans la technique qu'emploie Québec pour expliquer ses thèses. A plus forte raison le message du PQ lui-même ne lui paraît guère défectueux. Il faut blâmer, croit-il, seulement la « clientèle » canadienne-anglaise : « A quelques reprises, nous avons tenté d'amorcer un dialogue avec certains premiers ministres provinciaux, mais ils nous ont opposé un refus poli. »

Ce souci d'être considéré comme « l'interlocuteur valable du Québec » — souci légitime, car le PQ est, après tout, le gouvernement du Québec — est précisément la source d'une bonne partie de la colère des ministériels. « Si l'élite politique du Canada anglais ne veut pas nous écouter, nous serons peut-être obligés de chercher des interlocuteurs en marge de l'Establishment. »

Voilà, en effet, le dilemme canadien-anglais de M. Lévesque. La partie « association » de sa formule, qui reste à être précisée en public au cours des prochains mois, ressemble, même aux yeux des non-Québécois les mieux disposés, à un blanc-seing ; par conséquent, la partie « souveraineté » — même escamotée en ce moment pour des raisons de tactique référendaire — demeure, pour le Canada anglais, non pas de la chirurgie esthétique, mais une amputation.

Pour l'instant donc, les sujets de conversation possibles avec les Canadiens anglophones sont plutôt minces.

C'est bien dommage. Car l'hypothèse péquiste pourrait peut-être servir à amorcer sérieusement un dialogue. Est-elle vraiment l'apocalypse ? Seule une analyse impartiale et critique par des esprits solides des deux côtés pourrait nous permettre de déterminer si, oui ou non, le projet du PQ peut dépasser un simple cri de ralliement pour certains nationalistes.

Déjà, lors du congrès tenu la semaine dernière à Kingston par le Conseil économique du Canada, quelques chercheurs anglophones ont manifesté cette capacité de sobre analyse.

Mais, point d'interrogation pertinent, le gouvernement péquiste a-t-il la capacité de rejoindre de tels interlocuteurs ? Pour ce faire, il faudrait leur présenter un plan attrayant et une attitude purgée de méfiance pavlovienne.

Si toute question honnête, si toute critique raisonnable

concernant la souveraineté-association attire des excommunications foudroyantes et des condamnations du genre « ennemis du peuple », le dialogue avec les « partenaires » éventuels n'ira pas loin.

En somme, si le Canada anglais a des raisons de revoir ses bilans sur le PQ, cette saine discipline s'impose avec au moins autant d'à-propos en sens inverse.

Comme larrons en foire...*

REGINA — C'était une vraie fête foraine. Le pied léger, la touche facile et un petit sourire complice au coin des lèvres, ils se faufilaient parmi les pigeons en se disant qu'ils avaient une sacrée veine.

Chez l'un, ils soutirèrent avec adresse un compliment sur leur modération, et chez l'autre, ils raflèrent une accolade pour leur attachement à la Reine. Résultat : à la clôture de la 19ᵉ conférence annuelle des premiers ministres provinciaux qui se tenait ici la semaine dernière, le premier ministre du Québec René Lévesque et son rusé ministre des Affaires intergouvernementales Claude Morin avaient dûment fait les poches des neuf délégations anglophones, les délestant de bon sens, perspective et réalisme.

Ce fut un triomphe pour la recette « séparatiste » de Lévesque — un mélange de Valium et de berceuses — et les petits gars du Canada anglais semblèrent ravis de faire un beau grand dodo sous l'oeil bienveillant de René et de Claude. L'art des deux larrons aux doigts agiles éclate au grand jour si vous examinez leurs buts, leurs *modus operandi* et leur jubilation à Regina.

On ne risque sans doute point de blesser les péquistes en rappelant qu'ils veulent l'indépendance du Québec. On honore même probablement leur intégrité en prenant au sérieux leur détermination de sortir le Québec du Canada.

Séparation, indépendance ou souveraineté-association — plus les mots changent, plus c'est la même chose, avoue le ministre des Finances Jacques Parizeau : le gouvernement PQ est en train de remplir les hôpitaux de Québec de ministres épuisés au service de cette belle obsession.

---

*La Presse, 16 août 1978.

On peut penser qu'à Regina le boeuf-barbecue de la Saskatchewan et les vins rince-bouche de Colombie britannique n'ont pas décidé les péquistes à changer d'idée.

Le numéro du duo d'équilibristes Lévesque-Morin n'avait carrément qu'un seul but, à savoir gagner le référendum sur l'indépendance du Québec, en suivant le plan — peut-être plus charmant que franc — imaginé par Morin pour gagner les élections provinciales de 1976 : ne jamais parler de l'indépendance (ni d'aucun de ses euphémismes), clamer que l'on est attaché au bien de tous, et souligner les liens que l'on veut conserver avec le Canada anglais.

Une telle stratégie laisse, bien sûr, entendre en douce aux Québécois indécis que le fédéralisme est en si piètre état que même les efforts les plus patients ne sauraient le rafistoler. L'indépendance est par conséquent désirable, voire même inévitable. Et, comme chacun peut le voir, les modérés péquistes, comme ils se baptisent eux-mêmes, s'entendent à merveille avec les dirigeants du Canada anglais : l'association économique marchera donc comme sur des roulettes.

Au fait, comment les Québécois s'y sont-ils pris à Regina pour rouler les non-Québécois ? Selon René Lévesque, maître hors pair en télévision, une image sympathique marche pour 80 p. 100, et les bons mots à l'emporte-pièce à 20 p. 100. Le « show » de Regina nous donna tout au long l'image d'une gentille coopération entre vieux copains qui y mettent chacun du leur. D'un bout à l'autre de la réunion, l'atmosphère fut au charme détendu, qu'il s'agisse des problèmes en litige, des questions de procédure ou des dégustations de vins et fromages.

Lors des discussions, les péquistes se contentèrent de faire l'écho plutôt que la chanson. Lévesque et Morin ne déclenchèrent pas une seule fois les attaques sur Ottawa, mais se contentèrent de retourner un peu le couteau dans le dos de Pierre Trudeau chaque fois qu'un premier ministre anglophone y allait de son coup de poignard pour ses raisons à lui : impôt sur les richesses naturelles pour le premier ministre de l'Alberta Peter Lougheed, droits linguistiques pour Stirling Lyon du Manitoba, pêcheries pour Gerald Regan de la Nouvelle-Ecosse.

Les neuf premiers ministres trouvèrent neuf points inédits pour accroître leurs pouvoirs aux dépens d'Ottawa ; le temps d'ajouter les nouvelles revendications aux onze autres arrêtées lors de leur « consensus de 1976 », et Pierre Trudeau était transpercé de plus de lames que Jules César quittant le Sénat romain pour la dernière fois. Lévesque alors n'avait plus qu'à jouer les Brutus écartelés au moment où, au nom de la solidarité provinciale, il plongeait à contre-coeur son propre stylet.

Tout ce petit jeu chatouillait si fort les deux mousquetaires de la Grande-Allée qu'ils trahirent leur jubilation non seulement en ayant l'air de soutenir la Reine (ils soutiendraient le diable si cela pouvait coincer Ottawa), mais encore en annonçant avec un aplomb à vous couper le souffle — et sans rire — qu'ils travailleraient à ce qu'on illustre « certains des changements minimaux sans lesquels le système fédéral ne pourrait constituer une proposition sérieuse dans le choix qu'impliquera le référendum au Québec ».

Lévesque remporta même le premier prix au palmarès de l'humour en répondant à un journaliste, qui lui demandait si sa présence ici n'était pas essentiellement un truc pour ramasser des voix. Il leva au ciel de grands yeux étonnés et répliqua qu'il n'avait jamais, ô grand jamais, pensé à recueillir des voix... mais qu'il serait heureux d'accepter celles que ses actions amèneraient !

Le comportement des deux Québécois colla parfaitement à leur stratégie. Jovialité de bon aloi, souplesse, pragmatisme décontracté à l'anglaise ; toutes ces bonnes manières étaient destinées à faire apparaître les idées constitutionnelles de Trudeau comme des élucubrations de tritureur de méninges made in France : « Toute personne sensée s'intéresse en priorité à l'économie », clama Lévesque, le seul premier ministre à la tête d'un parti politique dont la raison d'être consiste à mettre une formule magique constitutionnelle avant les intérêts économiques de ses citoyens.

Le premier ministre québécois, qui tient dur comme fer à sa formule pour l'indépendance, fit aussi cette déclaration pleine de résonance : « La tâche, c'est de trouver un consensus. » Un consensus pour discréditer Ottawa, bien sûr. Les neuf autres premiers ministres furent absolument ravis par cette nuance qui louchait vers les électeurs québécois.

Richard Hatfield, du Nouveau-Brunswick, fut le seul à flairer le piège ; il fit une mise en garde sur les dangers qu'il y aurait à affaiblir le gouvernement national du Canada au point de le rendre impuissant. Mais les joyeux lurons du Québec amusaient et hypnotisaient si bien leur monde que personne ne l'écouta.

Vous voulez des preuves irréfutables du triomphe péquiste ? Eh bien, tout d'abord, la réunion marque un fait historique : pour la première fois de mémoire de caméraman, M. Lévesque n'a pas quitté la réunion prématurément en claquant la porte. Il brûlait, au contraire, de fraterniser : il assista à une pièce de théâtre sur Louis Riel et s'attarda dans une discothèque de la métropole de Waskesiu jusqu'à deux heures du matin.

Et puis il y eut le sourire de bon matou de M. Morin. Vous me direz que M. Morin sourit comme un bon matou depuis environ 15 ans. Mais il est rare qu'il se déclare aussi satisfait : « Nous sommes très, très heureux. »

Pardi. Tout à fait comme Paul Newman et Robert Redford dans la dernière scène de « L'Arnaque ».

James Bond, journaliste*

Passons aux aveux. Depuis que René Lévesque a dévoilé le « front commun » que nous, les journalistes anglophones, avons monté contre le Parti Québécois, j'ai un peu peur d'aborder la question de la souveraineté-association.

Jusqu'à présent, je croyais que, si je n'arrivais pas à avaler la vision du PQ c'est que, en toute bonne foi, j'avais des doutes, ou que j'étais stupide. Mais voici que j'apprends la vérité : le café-lavasse que je bois dans les cafétérias des journaux anglais m'a sournoisement drogué, à tel point que je me trouvais, sans le savoir, au plein coeur d'un complot antifrançais.

Je ne voudrais point, grands dieux, qu'un autre conspirateur « WASP » s'interroge sur une doctrine qui, selon M. Lévesque, devrait nous être aussi sacrée que la Sainte-Trinité... Mais pour rester fidèle au bon vieux fair-play anglais, le moins que l'on puisse faire est d'aider le premier ministre péquiste et ses amis à démasquer d'autres comploteurs de la presse en énumérant quelques-unes des questions traîtresses qu'ils pourraient poser.

Tout d'abord, messieurs, le vocabulaire. Méfiez-vous des petits m'as-tu-vu anglos qui vous demandent comment ils devraient appeler le but de votre parti. Il y a quinze ans, vous utilisiez vous-mêmes le mot « séparation » et certains ennemis anglophones ont — quelle arrogance ! — refusé de vous suivre dans votre habile escalade d'euphémismes : tous les deux ans, vous en inventez de nouveaux, disent-ils, pour rassurer un paquet supplémentaire de Québécois inquiets, lorsque vos sondages secrets montrent qu'ils ne veulent pas quitter le Canada.

---

*La Presse, 18 octobre 1978.

Quand l'honnête slogan du « séparatiste » de la première heure, Marcel Chaput, s'est usé, vous avez, insistent les journalistes, ramassé un terme moins alarmant utilisé par Pierre Bourgault, à savoir « indépendance » ; puis, nous avons eu droit au vocable plus moelleux encore de M. Lévesque lui-même : le mot « souveraineté », tempéré davantage par un suffixe, « association », qui promet un voyage en fusée avec assurance-vie.

Bon, certains journalistes anglais vous demandent — jusqu'où la fourberie de cette engeance peut-elle aller ? — pourquoi vous maquillez votre objectif en le qualifiant de « véritable confédération ». Ils essaieront même de vous troubler en répétant ce qu'au fin fond de la Colombie britannique vos camelots ambulants appellent « un simple réajustement de la section septentrionale de l'Amérique du Nord ».

Ces insolents scribouillards anglophones prétendent que si vous continuez à délayer la sauce vous finirez bientôt par vous présenter comme « les véritables fédéralistes ». Claude Morin, votre ministre des Affaires intergouvernementales, en est à deux doigts.

Au Canada anglais, les James Bond du journalisme pousseront aussi la méchanceté jusqu'à vous interroger sur les exemples (ronronnants, mais toujours au diable Vauvert) de « souveraineté-association » que vous faites miroiter devant les braves gens de Saint-Tite : le Marché commun européen, le Bénélux, le Conseil nordique — et même les cités-Etats grecques du siècle de Périclès.

Voici une question qui révèle irréfutablement les manigances du sabotage anglais : si ces groupes très divers aiment tant la souveraineté, pourquoi (oublions Athènes, Sparte et les Perses), mais pourquoi donc veulent-ils si ardemment — et cycliquement — se rapprocher de quelque solidarité qui rappelle vaguement le fédéralisme ?

Les saboteurs citeront les discours de ces vendus de Français, Jean Monnet et Robert Schumann, pour montrer que le traité de Rome de 1958 qui lança le Marché commun avait pour but de mettre en place les Etats-Unis d'Europe. Ils diront que, en dépit des chauvinismes ressuscités par de Gaulle, on se prépare dans neuf pays du Vieux Continent à élire en juin prochain un parlement européen au suffrage universel.

Autre question-piège à surveiller : comment expliquez-vous que même la concertation boiteuse et bureaucratique des économies du Marché commun repose sur une volonté politique de rapprochement, alors que, d'après votre théorie, pour obtenir une meilleure coopération économique il faut détruire toute volonté politique de coopération?

Prudence. Quelques journalistes particulièrement perfides demanderont pourquoi M. Lévesque a récemment dit aux bonnes âmes de Noranda que le fédéralisme échouait partout dans le monde. Il n'est pas exclu qu'ils aient recours aux coups bas en vous rappelant que le pays que M. Lévesque affectionne le plus au monde, les Etats-Unis, est une fédération, comme d'ailleurs le sont la plupart des nations les plus libres et les plus prospères du globe: Suisse, Allemagne de l'Ouest, Australie... et, mais oui, messieurs, Canada.

Autre question encore plus ignoble (n° 23 dans notre manuel du parfait comploteur): pourquoi racontez-vous aux Québécois que si la sécession (ou tout ce qu'il vous plaira de l'appeler), si la sécession donc se produisait, le Canada anglais vous remercierait d'avoir chamboulé sa patrie et son économie en se lançant dans le genre de cauchemar protectionniste défini par le programme de votre parti?

Comme vous l'avez déjà montré, on peut se débarrasser de ce genre d'insolence en l'appelant « terrorisme » ou « bluff ». Dans tout cela, la bonne blague c'est qu'en répétant dogmatiquement la même rengaine (tout est « normal »), vous pouvez convaincre quelques Québécois que, non content de reconnaître le droit du Québec à l'autodétermination, le Canada anglais aura la gratitude de renoncer à son propre droit à l'autodétermination.

La plupart des Anglais déclarent que, si l'on ravale tout sentiment patriotique, la meilleure « affaire » pour le Canada anglophone serait clairement une forme quelconque de libre-échange avec les Etats-Unis — et non pas une chicane perpétuelle avec vous, nos amis péquistes, comme « deux scorpions dans une bouteille »... de colle.

Certains journalistes anglophones affirmeront que même une fusion avec les Etats-Unis commencerait à sembler intéressante. Après tout, il y a assez longtemps que vous nous dites — et avec tant de grâce — que notre culture n'est en rien différente de celle des Américains.

Je garde pour la bonne bouche la question la plus infâme; c'est un simple problème de tactique, mais il est révélateur: pourquoi, diront nos écrivaillons, après quinze ans de propagande intense par certains de vos profs, journalistes et psychiatres les plus éloquents, avez-vous toujours peur de demander carrément aux Québécois si, oui ou non, ils veulent l'indépendance?

Demander, comme vous le faites ces jours-ci, un mandat pour négocier une sorte de virginité avec droit de concubinage, pourrait passer pour de l'indécision, une crainte inspirée par des sondages miteux, ou même — le cynisme anglais est sans bornes — un petit goût pour les limousines.

Oui, c'est ce genre de vilaines insinuations que nous autres, les journalistes anglais, avons ordre de propager. Moi, je ne marcherai jamais là-dedans, bien entendu. Maintenant que j'ai vendu la mèche, je n'ai qu'une seule question à poser sur votre contrat de souveraineté-association: où est-ce qu'on le signe?

Le coeur a-t-il toujours ses raisons ?*

Le meilleur moyen de mesurer le progrès d'une idée politique ? C'est peut-être de peser la qualité des arguments qu'on mobilise pour la défendre. Depuis de nombreuses années, par exemple, le Parti Québécois gagne l'estime même de certains adversaires en cherchant à justifier sa thèse de souveraineté-association par une bonne dose de raison et de logique.

Bien sûr, la soif de dignité collective qui engendra l'équipe actuellement au pouvoir à Québec procède d'un puissant élément d'émotion, surtout la fierté. Mais tout compte fait, le message qu'adresse le gouvernement de M. René Lévesque aux Québécois non engagés, aux banquiers de New York et (à un moindre degré) aux Canadiens hors Québec se base sur un appel au bon sens. L'argumentation qu'on utilise à cette fin est fort discutable; elle n'en est pas moins impressionnante.

Au cours de la dernière quinzaine, deux des principaux porte-parole du Cabinet PQ nous ont rappelé la difficulté qu'éprouve le gouvernement du Québec à poursuivre la « voie des principes » (calquée sur la raison) en face des tentations de la « voie de l'opportunisme » (calquée sur l'émotion pure).

A Chicoutimi, l'autre jour, le statège n° 1 du gouvernement en matière de référendum, le ministre des Affaires intergouvernementales, M. Claude Morin, a malheureusement montré qu'il était prêt, désormais, à se replier surtout sur l'émotion : la crainte du ridicule au Canada anglais. Si les Québécois repoussaient la thèse péquiste au référendum, af-

---

*La Presse, 24 janvier 1979.

firma M. Morin, les Canadiens anglophones « se tordraient de rire ».

S'en tenant à la « voie des principes », le ministre québécois des Finances, M. Jacques Parizeau, a, par contre, invité la Société Saint-Jean-Baptiste à faire avec « sérénité » sa campagne en faveur de l'indépendance. Vu le rôle de la SSJB comme grande organisation nationaliste, cet appel de M. Parizeau exigeait courage et probité.

L'objectif d'une campagne « sereine », selon M. Parizeau, serait d'empêcher le débat de sombrer de part et d'autre dans le fanatisme. En revanche, l'approche essentiellement négative de M. Morin (« voulez-vous qu'on se moque de nous ? ») fait peu de cas de l'unité à long terme qui s'impose entre Québécois ; elle étonne aussi parce qu'elle trahit un affaiblissement singulier de la confiance en des arguments raisonnés et positifs qui, jusqu'à présent, avaient si bien défini l'honneur du PQ comme un parti démocratique.

Mais comment, en réalité, réagirait le Canada hors Québec à la défaite d'une question que M. Lévesque n'a toujours pas annoncée ? Mis à part ceux qui demeurent indifférents à la chose politique et la petite bande de marginaux qui digèrent mal le bilinguisme avec leurs corn flakes, on devine que l'ensemble de l'opinion anglophone du Canada hors Québec adopterait un certain dosage des attitudes suivantes :

—le respect : devant la maturité d'une majorité de Québécois qui auraient résisté aux séductions du nationalisme culturel afin de relever à nouveau le défi — plus difficile mais plus stimulant — de construire un pays avec un autre peuple-partenaire. Du respect également pour le gouvernement du PQ : en risquant ses thèses les plus chéries dans un test populaire, l'équipe de M. Lévesque aurait prouvé à tous qu'il avait le courage de ses convictions.

—le soulagement : en constatant que le danger d'un démantèlement imminent du Canada avait été évité, et que les négociations profondes et délicates qui s'imposent pour faire une large place à un Québec en pleine renaissance pouvaient se dérouler sans distorsion ni interruption.

—l'espoir : que l'idéal canadien — le rêve d'un pays supra-national « exceptionnel » plutôt que de deux Etats-nations seulement « normaux » — avait une dernière chance de réaliser.

A présent, l'épée de Damoclès que représente la séparation du Québec décourage nombre de Canadiens anglophones d'accepter un statut plus réaliste, distinct, pour le Québec dans l'ensemble canadien. La preuve référendaire qu'une majorité de Québécois tenaient réellement à demeurer Canadiens renforcerait l'autorité des modérés anglophones (en somme, c'est la plus grosse partie de l'élite anglophone) qui cherchent à créer sympathie et appui pour la cause du Québec au sein du Canada.

—*la volonté*: de procéder rapidement aux modifications radicales dans la Constitution que le Québec, l'Ouest et la région de l'Atlantique souhaitent.

Il va de soi que les modifications voulues par d'autres régions diffèrent en plusieurs points des aspirations québécoises. Toutefois, l'élan de réforme post-référendaire serait probablement assez fort pour briser l'impasse dans le partage des compétences constitutionnelles qui, chaque jour, met Ottawa et les provinces à couteaux tirés.

Il est fort possible que le gouvernement péquiste se rende compte que de telles réactions constructives de la part des Canadiens hors Québec sont vraisemblables. En toute bonne guerre référendaire, pourtant, il ne peut pas le reconnaître publiquement en ce moment: un tel aveu pourrait entamer toute son argumentation en faveur d'un renforcement de la main du gouvernement dans ses marchandages avec le reste du pays.

Entre-temps, que dire de la dignité bien méritée du Parti Québécois comme formation politique qui réfléchit sérieusement? Cette réputation est mieux servie par l'appel à la sérénité de M. Parizeau que par la tendance de M. Morin à susciter des craintes pour le moins exagérées.

Les trois mousquetaires à l'Ouest*

Au Québec comme ailleurs, les mouvements nationalistes ont une charmante tradition : leurs poètes font de la politique et leurs hommes politiques font de la poésie.

Ces dix derniers jours, un trio des députés les plus attachants de l'équipe du premier ministre René Lévesque (Gérald Godin, Pierre de Bellefeuille, Jean-François Bertrand) a mélangé poésie et politique au cours d'une utile tournée dans les quatre provinces de l'Ouest pour expliquer la souveraineté-association selon M. Lévesque.

Que les Canadiens vivant à l'ouest de l'Ontario (27 p. 100 de la population du pays) trouvent le concept embrouillé ne devrait pas surprendre. La semaine dernière, un sondage du gouvernement péquiste a révélé que 46 p. 100 des Québécois croient encore que l'indépendance politique prônée par M. Lévesque ne ferait pas du Québec un pays séparé.

Téléguidés par le ministre des Affaires intergouvernementales, M. Claude Morin, les docteurs ès-grignotage du PQ se réjouissent de cette ambiguïté : leur argument clé pour gagner le référendum du printemps prochain, c'est de persuader les Québécois qu'ils peuvent faire l'omelette de l'indépendance sans casser les oeufs canadiens.

Les trois mousquetaires du PQ ont concocté la recette inverse pour les hommes d'affaires, les étudiants, les syndicalistes et journalistes de l'Ouest : la souveraineté-association laisserait le « Canada anglais » faire son omelette économique tout en envoyant pondre ailleurs le Québec, avec ses jérémiades sur la langue et son chantage sur les compétences constitutionnelles.

---

*The Vancouver Sun, etc., 4 octobre 1979.

Si quelqu'un a des chances de donner à ce ragoût une saveur « normale » (le mot-code « normal », on le sait, sert, chez les péquistes, à légitimer tout ce qu'ils ont envie de faire), c'est bel et bien nos trois aimables et gracieux messieurs.

On hésite à les couler chez eux en leur prodiguant des louanges « d'Anglais » trop enthousiastes, mais ils ont vraiment fait du bon boulot avec les arguments que MM. Lévesque et Morin leur ont collés.

L'avantage de ces tournées pour les péquistes ? Évidemment, à long terme, le pari que les Anglo-Canadiens découvriront le chemin de Damas de la sécession sans douleur. Mais, avec le référendum à l'horizon, leur grand espoir consiste à fabriquer des preuves pour convaincre les électeurs québécois qu'ils peuvent en toute sécurité voter «oui»: le PQ veut montrer que le Canada anglais est secrètement épris de la proposition de M. Lévesque.

Pour ne pas verser dans le cynisme intégral, ajoutons que les trois mousquetaires ont parlé en croyants sincères. Comme la plupart de leurs collègues, ils pensent vraiment qu'après quelques mois de petites bouderies bien « normales » chez un amoureux éconduit, le reste du Canada se fera une raison et essaiera de se raccommoder de façon plus vivable — et même plus saine — avec le Québec.

Cet article de l'évangile péquiste n'est que l'un des dogmes pliants et portatifs que l'on entend chez les commis-voyageurs du Parti Québécois. Dans la mesure où il est rationnel, il est digne de respect ; dans la mesure où il aveugle certains croyants devant une masse de preuves contradictoires, il est illusoire.

Un fait demeure : au bout de trois ans sous les projecteurs du pouvoir, après une Babel de conférences et de propagande, le PQ n'a pas réussi à dénicher un seul Canadien anglophone de quelque audience pour joindre ses rangs.

Peut-être bien que, comme l'affirment sereinement nombre de péquistes, les Anglos, hommes, femmes et enfants, sont tous jusqu'au dernier des impérialistes. Il ne leur vient pas à l'esprit — du moins pas en public — que, sait-on jamais ? leur théorie aurait quelque chose d'impraticable et leur méthode quelque chose de peu aguichant.

C'est là que se trouve la grande fragilité de telles tournées en ce qui concerne la compréhension du monde réel par le PQ. A moins que, au lieu de simplement prêcher, ses émissaires se mettent à écouter vraiment (comme l'a fait un des membres du trio, M. Bertrand), à moins qu'ils soient disposés à remettre fondamentalement en question leur propre hypothèse, le mot dialogue sonnera creux.

La réponse des péquistes, c'est qu'il ne peut y avoir de réel dialogue avant qu'ils gagnent leur référendum. Jusqu'à cette date, jusqu'à ce qu'ils décrochent le pouvoir de chantage qu'ils se croient sûrs de gagner, ils doivent repousser toute ombre de doute et traiter les Anglos — même les Anglos sympathisants mais sceptiques — comme des « fanatiques ».

A leur retour, les trois aimables ambassadeurs vont affirmer qu'ils ont détecté à l'Ouest de grands changements en leur faveur. La réception traditionnellement courtoise et même parfois somptueuse qu'ils ont reçue n'affecte en rien ce fait : ils n'ont pratiquement converti personne — en réalité, leur message a semblé déboucher, chez leurs hôtes, sur des réticences mieux fondées.

« Les gens de l'Ouest prennent bien soin de ne pas offenser les Québécois en se disputant avec eux, a affirmé un observateur très typique, mais si les péquistes ont pris notre politesse pour un acquiescement, ils rêvent en couleur. »

La vraie valeur de telles tournées — qui devraient continuer de plus belle — n'est pas du domaine des joutes préréférendaires. Elle se trouve dans l'établissement de contacts post référendaires, dans l'occasion de se parler civilement lorsque viendra le temps de panser les blessures et, pour les « vainqueurs » (qu'ils soient péquistes ou fédéralistes), de redécouvrir la générosité, y compris reconnaître la dignité des « perdants ».

Porteurs de cet objectif moins spectaculaire mais bien plus précieux, les trois émissaires de M. Lévesque ont fait voyage utile en rappelant aux deux camps que parfois les idées sont moins importantes que la qualité des gens qui les défendent.

Voilà, pour le Québec et pour le reste du Canada, de la bonne poésie et de la bonne politique.

Questions et réponses*

Quelle est la question du référendum québécois? Certainement pas le casse-tête du gouvernement «gallupant» que nous a proposé la semaine dernière le premier ministre René Lévesque. La question est de savoir quelle opinion le régime se fait de l'intelligence politique des Québécois.

Le gouvernement péquiste camoufle sa véritable raison d'être — l'indépendance — derrière une nouvelle «entente» avec le Canada dans l'espoir qu'avec la logique rusée de leurs ancêtres normands, les électeurs non séparatistes vont voter «oui» à tout ce qui pourrait amener les «Anglais» à accorder plus de pouvoir au Québec, sans apparemment pousser leur grand-mère Canada dans les orties.

Le PQ compte clairement sur cette tactique pour récolter de nombreux électeurs fédéralistes; il espère que les Québécois vont flirter avec quelque chose qu'ils ne veulent pas (le dernier sondage montre que seulement 19 p. 100 d'entre eux veulent l'indépendance) afin d'obtenir autre chose (fédéralisme renouvelé ou statut particulier — formules préférées respectivement par 41 p. 100 et 43 p. 100 de l'électorat).

A première vue, un tel calcul semble indiquer que les stratèges péquistes se font une idée plutôt flatteuse — bien que cynique — de leurs concitoyens. L'idée devient moins flatteuse si l'on imagine comment les chefs péquistes interpréteraient une victoire de leur parti au référendum. Quelle que soit l'innocuité ou l'ambiguïté de la question, une majorité de «oui» serait claironnée partout comme une preuve décisive de la volonté d'indépendance des Québécois.

Les discours de victoire ne feraient pas d'envolées sur une nouvelle «entente» ou la préservation d'une monnaie

*The Vancouver Sun, etc., 26 décembre 1979.

commune. Ils exalteraient une décision « irréversible » de devenir un Etat souverain. La moindre velléité d'amendement ou de nouvelle entente au sein du Canada serait fustigée comme « recul » ou pire.

Si les « non » l'emportaient de près, vous pouvez également être sûrs que le PQ, dans ses interprétations, pratiquerait l'excommunication ethnique envers les Québécois anglophones et l'euthanasie politique envers les plus de 50 ans, en éliminant leurs voix pour inventer une « majorité morale » de jeunes francophones — des Québécois plus égaux que les autres ? Dans les deux cas — un oui ou une faible majorité de non — le régime affirmerait trouver, dans les résultats, quelque chose de très différent de ce que les électeurs pensaient décider en se prononçant.

La formulation — longue, vague, d'un jésuitisme consommé — de la question péquiste omet à dessein d'offrir aux Québécois le choix que, selon tous les sondages, ils appellent de leurs voeux : un meilleur arrangement au sein du Canada. Elle les force soit à jouer le jeu « normand » (et donc à être coincés dans la manoeuvre indépendantiste du PQ), soit à voter contre l'Histoire, sinon contre le Hockey.

Ce choix entre deux carcans — l'indépendance à crédit ou un statu quo mythique (qu'aucun homme politique au pouvoir au Canada ne soutient) — est totalement artificiel. Il se résume à une chose : le calcul de ce que le PQ considère le minimum d'intrigue requise pour obtenir un « oui ».*

Un oui à absolument n'importe quoi. Un oui à brandir par la suite pour montrer que l'électorat aurait répondu à une question que le PQ n'osait pas poser.

De Gaulle disait que les Français étaient des veaux. Le gouvernement péquiste penserait-il, par hasard, que les Québécois sont des moutons, les Anglo-Canadiens étant bien sûr les loups ? Pense-t-il qu'après deux décennies ou presque d'agitation sécessionniste, les Québécois peuvent vraiment croire que le scrutin référendaire équivaut à une innocente expédition de pêche ?

Les stratèges péquistes adorent justifier leurs manipulations en réduisant à l'absurde ces arguties sur l'honnêteté : « Vous autres, rusés fédéralistes, vous voulez que nous po-

---

*Suis-je trop dur ? Je n'emploie quand même pas le mot que, sur cette question, le journaliste du journal parisien *Le Monde,* Dominique Dhombres, a proposé le 10 janvier 1980 au vice-premier ministre du Québec, M. Jacques-Yvan Morin : « hypocrite ».

sions une question du genre 'Souhaitez-vous vous séparer du Canada par le feu et l'épée?'».

De la part d'un parti qui prétend détenir l'exclusivité de la morale politique, on se contenterait de bien moins : quelque chose comme un simple oui ou non à l'indépendance, par exemple, suivi d'une opinion sur une tentative de négocier une éventuelle association économique avec le reste du Canada.

Une telle question — qui ferait honnêtement écho au programme du Parti Québécois — aurait pu donner au gouvernement péquiste une occasion épatante de se distinguer des autres partis par son intégrité, son courage et sa dignité.

Hélas! la tentation fut «résistible». Et le goût du risque démocratique faisant place au goût du pouvoir, le régime émane aujourd'hui ce parfum (le «Je reviens» de Worth?) qui, de plus en plus, fait ressembler le PQ à un parti... comme les autres. Or, il y a tout juste deux ans, un important document du Parti Québécois déclarait sans rire : le PQ «n'est pas un parti comme les autres. Il incarne la continuité historique du peuple québécois».

Si ce genre de malfaçon, ou de distorsion, doit être présenté comme faisant partie de la continuité historique du peuple québécois, alors la question référendaire n'est pas flatteuse du tout pour les Québécois. Les stratèges péquistes de l'étapisme se croient astucieux, et les résultats prouveront peut-être qu'ils le sont. Mais il est intéressant de noter que leur ingéniosité s'appuie sur un mépris fondamental de l'intelligence et des voeux de leur peuple.

L'indépendance est une option honorable, et elle mérite d'être présentée honorablement. Puisque les Québécois n'auront aucune occasion de se prononcer clairement pour ou contre elle, ils devront exprimer, par leur vote, ce qu'ils pensent d'un gouvernement qui les tient en si peu d'estime.

Voilà le profond intérêt du scrutin référendaire, et l'ultime question démocratique : des péquistes ou des fédéralistes, quel groupe d'hommes politiques respecte le mieux le peuple québécois?

145

Violence verbale*

Jacques-Yvan Morin, le svelte et raffiné ministre de l'Education du Québec, est l'un des esprits les plus subtils et les plus mesurés de l'équipe péquiste du premier ministre René Lévesque. On ne peut donc que regretter davantage la malencontreuse erreur qui lui attribue un thème cher à certains indépendantistes moins pondérés, un thème qui insulte les Québécois et menace leur démocratie.

M. Morin aurait déclaré la semaine dernière au *Monde*: « Un scrutin contre le gouvernement du Québec au référendum pourrait provoquer un regain de violence, car les jeunes gens ont placé tous leurs espoirs dans le Parti Québécois. »

En fait, au cours de l'interview en question, M. Morin, sans aller jusqu'à nier explicitement la probabilité de violences, a fait preuve de beaucoup plus de tact. Voici ses paroles exactes: « Personne n'est prophète, mais il ne faut pas oublier que le Parti Québécois a permis de donner un espoir à toute une partie de la population qui souhaite le changement, et en particulier les jeunes. »

Le tollé qui a suivi ce malentendu devrait servir de leçon à d'autres « fans » du PQ qui sont tentés de parler d'explosions après un échec à leur référendum.

Outre leur présomption sur le choix politique « inévitable » de la jeunesse du Québec, les arguments prophétisant la violence constituent un assaut à la dignité démocratique de la société québécoise. Quel que soit leur but, ces arguments laissent clairement entendre que les Québécois indépendantistes seraient si peu attachés à la démocratie que, si

---

The Vancouver Sun, etc., 23 janvier 1980.

la majorité de leurs concitoyens ne partageait pas leurs voeux, ils se mettraient à bouder et à recourir aux bombes.

L'insulte aux Québécois est d'autant plus sérieuse qu'elle s'adresse à la jeunesse du Québec — à ces citoyens généralement plus instruits, nous dit-on, que leurs aînés d'avant la révolution tranquille de 1960. Plus instruits, mais aussi ayant plus voyagé et, présume-t-on, plus profondément épris de démocratie que les Québécois qui ne connaissaient que les sombres jours de l'autocrate Maurice Duplessis.

L'insulte s'aggrave encore lorsqu'on se souvient que M. Lévesque évoque, souvent en termes flatteurs, le fair-play de bons perdants des Canadiens anglophones. A l'automne 1977, M. Lévesque affirmait : « Nous parions que la démocratie canadienne (entendez : canadienne-anglaise) est assez solide pour que (...) si une décision claire est prise au Québec, une décision démocratique claire, il n'y a aucune raison pour qu'elle ne soit pas respectée. »

On veut bien croire que M. Lévesque est sincère dans ses compliments. Mais cet hommage du premier ministre à la maturité des Anglos ne sert qu'à mettre davantage en relief le peu d'égards envers les jeunes Québécois que manifestent certains de ses militants lorsqu'ils insinuent que l'élite montante du Québec aurait... la démocratie fragile en cas de victoire du « non » au référendum.

Les petites phrases menaçantes ont une seconde — et attristante — retombée : intimider certains Québécois indécis ou fédéralistes au point qu'ils voteront « oui » au PQ simplement pour éviter la violence.

Si elle était intentionnelle, une telle tactique serait dégradante. Car le PQ, qui baptise allégrement de « terrorisme » tout doute ou toute question honnête du Canada anglais sur la souveraineté-association, pourrait être taxé de terrorisme véritable et flagrant s'il agitait le spectre de bombes, fusils et anarchie au cas où le Parti Québécois n'obtenait pas ce qu'il voulait.

De plus, si elle était délibérée et non simple bavardage irréfléchi, une telle tactique serait l'aveu dévastateur que le PQ ne croyait pas pouvoir remporter la victoire à la seule force de ses arguments. De telles menaces ont de forts relents de panique.

Enfin, des prédictions apocalyptiques ne peuvent manquer d'inspirer des pensées sanglantes (ou de les légitimer un peu plus) dans l'infime fraction de Québécois vulnérables à ce genre de discours.

Certains chefs syndicaux respectés se plaisent à se proclamer ennemis de la violence, tout en ajoutant publiquement qu'une partie de leurs troupes va peut-être exploser. De même, en admettant, ne serait-ce que de façon feutrée, l'hypothèse de la violence, les hommes politiques finissent fatalement — c'est le cas de le dire — par déclencher le genre d'excès que le PQ, et c'est tout à son honneur, déclare vouloir éviter.

Personne ne devrait sous-estimer cette affreuse alchimie des prophéties qui se réalisent d'elles-mêmes. Ce ne serait pas une victoire du « non » qui inciterait les esprits influençables à la violence. Ce seraient les paroles inconsidérées d'hommes qui, sur de nombreux autres points, ont mérité une dose généreuse d'estime.

Le résultat immédiat d'un tel flirt avec la « probabilité » de violences serait d'offrir, à l'immense majorité des Québécois qui chérissent la liberté, un argument-massue pour voter en faveur d'un Québec canadien à part entière. Car si les péquistes présentaient les éléments les plus doués du Québec comme des anarchistes irrationnels et les habitants du reste du Canada comme des démocrates civilisés, ils plaideraient la cause canadienne plus éloquemment — et de façon plus plausible — que ne pourraient le faire les fédéralistes eux-mêmes.

M. Lévesque et ses ministres, qui espèrent entrer dans l'Histoire en hommes d'Etat et non pas en apprentis-sorciers, feraient bien de résister au moindre soupçon de ce genre d'augures dangereux et déshonorants. De vrais chefs, un vrai gouvernement, ne se contentent pas de décliner élégamment de faire des prophéties ; ils dirigent, ils forment l'opinion. La politique du gouvernement péquiste devrait affirmer haut et fort que les Québécois — y compris les nationalistes impatients — sont encore plus épris de démocratie que d'indépendance.

M. Morin a, à de nombreuses autres occasions, prouvé ses instincts élevés. Maintenant, de retour des salons parisiens où paroles et champagne coulent à flots et où chaque bon mot appelle une mise au point, il pourrait étonner le Conseil des ministres péquiste en lui disant (en anglais !) dans son plus bel accent de Cambridge : « J'ai une idée nouvelle et cruelle pour tourmenter les Anglais. Battes de cricket en main, et non pas fusils, nous promettrons au monde

entier que nous, Latins au sang chaud, pouvons, si nécessaire, perdre aussi gracieusement que les Anglais. Y a-t-il
victoire plus douce ?»

C) Les navigants du grand large: **l'engagement fédéraliste**

« Exister, c'est coexister. »

GABRIEL MARCEL

« Une société unie n'est pas une société sans différences, mais une société sans frontières intérieures. »

OLIVIER GUICHARD,
Un Chemin tranquille.

« Qu'est-ce que le nationalisme? C'est un patriotisme qui a perdu sa noblesse et qui est au patriotisme noble et raisonnable ce que l'idée fixe est à la conviction normale. »

ALBERT SCHWEITZER,
Décadence et renaissance de la culture.

De l'ayatollah à Abraham Lincoln*

MONTRÉAL — On ne risque guère de confondre cette Gomorrhe-sur-le-Saint-Laurent avec la ville sainte de Qom. Mais depuis sa victoire éclatante dans Argenteuil (agrémentée d'un triomphe inespéré dans Jean-Talon), Claude Ryan doit se réjouir à l'idée que ses adversaires péquistes ne peuvent plus le traiter d'« ayatollah » — le chef-oracle qui inspire ses partisans à partir d'un siège en dehors de la capitale.

Désormais le siège de M. Ryan est à l'Assemblée nationale. Et si les caricaturistes lui donnent une petite chance, l'ancien directeur du *Devoir* a une belle occasion de convaincre le public que son visage angulaire et son regard droit n'évoquent pas un ayatollah mais plutôt un Abraham Lincoln.

Par quelle magie M. Ryan peut-il imposer cette image plus méritée? Par la poursuite de sa mission comme chef des libéraux (et officieusement des fédéralistes) du Québec suivant des qualités lincolniennes de fermeté, de vision et de générosité.

Ces qualités — que M. Ryan possède dans un dosage variable mais évident — doivent briller dans trois forums: celui de la campagne référendaire, celui de l'Assemblée nationale et celui des relations avec le reste du Canada. (...)

Avec une lenteur discrète mais méticuleuse, M. Ryan met en place depuis un an un nouveau Parti libéral. Celui-ci est capable de croiser le fer avec la machine à propagande que le PQ tient en alerte pour quadriller, rue par rue, tout le Québec. M. Ryan a doublé l'effectif des militants, réorganisé les structures au centre, récolté plus de deux millions de dol-

La Presse, 2 mai 1979.

lars en petits dons et établi une relation personnelle avec les associations de comté à travers le Québec.

Ce travail d'« intendance » est valable, même crucial. Mais ce qui demeure la plus belle réalisation de M. Ryan c'est sa défense et illustration du Canada. Dans son manifeste « Choisir le Québec et le Canada », M. Ryan a plaidé le dossier canadien d'une façon positive que d'autres chefs fédéralistes québécois n'ont jamais osé, ou su, définir.

Parce que M. Ryan offre cette vision rivale plutôt qu'une attaque stérile sur le « séparatisme », il peut mener aujourd'hui sa campagne référendaire avec une dignité qui honore et la cause canadienne et l'option péquiste.

Sans doute M. Ryan sera-t-il obligé d'exiger que les péquistes cessent de camoufler leur objectif sécessionniste de verbalisme à la Valium. Mais en s'en tenant à ses idéaux raisonnés, il réussira peut-être à convaincre les Québécois que si l'indépendance n'est pas un cauchemar, elle procède d'un rêve spirituellement inférieur et moins libérateur qu'un Canada à deux réinventé.

En prenant sa place comme chef de l'opposition à l'Assemblée nationale, M. Ryan a une deuxième chance de jouer les Lincoln. Le Parlement à Québec se présente à la fois comme un club de copains et comme une patinoire à hockey où tous les coups sont permis. Ses débats étant diffusés dans tous les foyers, M. Ryan, s'il veut garder son air de premier ministre de rechange, devra éviter et les petites complicités de club et les bagarres rangées.

Pour garder l'espoir et le mouvement de son côté, il fera bien d'assortir ses critiques nécessaires de programmes constructifs : ses propres méditations depuis des années, ainsi que les travaux impressionnants de son « brain-trust », lui fournissent déjà des réponses parfois fort détaillées sur un vaste ensemble de problèmes.

En somme, afin de se présenter comme le remplaçant crédible de M. Lévesque, dont le régime (à part ses manipulations référendaires) a bien gouverné le Québec, il faudra que M. Ryan parle comme un bâtisseur supérieur et non pas comme un expert en démolition.

Le troisième secteur où M. Ryan doit porter son regard c'est celui du Canada hors Québec.

Cette semaine même, les ministres péquistes mettent à profit un sondage incomplet et les déclarations de deux politiciens sans nom pour faire croire aux Québécois que le

« Canada anglais » brûle secrètement d'envie de « négocier la souveraineté-association ».

La vérité n'est pas tout à fait cela. Un sondage sans choix réel et deux politiciens anonymes (s'agit-il de William Davis de l'Ontario ou de l'ancien maire de Moncton, Len Jones?) peuvent bien laisser l'impression que le « Canada anglais », après un divorce, serait ravi de maintenir un compte bancaire en commun avec une république du Québec péquiste ; cela ne prouve qu'une chose : que les efforts systématiques du PQ pour faire passer la sécession pour un rafistolage mineur du fédéralisme actuel ont réussi, pour l'instant, à tromper quelques-uns.

Comme partie même de sa stratégie référendaire et parlementaire, M. Ryan devra agir de concert avec les autres chefs provinciaux pour mettre en relief l'option canadienne. Ensemble, ces leaders doivent démontrer que la liberté et la sécurité les plus larges des Québécois en tant qu'individus peuvent se façonner dans une relation de dignité dans l'égalité, à la Pepin-Robarts, au sein du Canada.

M. Lévesque préconise la « souveraineté politique assortie d'une association économique ». Qu'est-ce qui empêcherait M. Ryan de baptiser sa formule à lui « souveraineté morale assortie d'une association politique » ?

Voilà un peu d'ironie à la Lincoln.

Fair-play... pour notre bord*

L'argent parle. Fort éloquemment, parfois. Il parle de maladresses, d'ignorance, d'oeillères et deux poids, deux mesures.

Deux événements récents nous rappellent comment de telles défaillances peuvent pervertir les bonnes intentions de certains Canadiens désireux de croiser le fer avec le gouvernement péquiste du premier ministre René Lévesque.

Premier événement: le premier ministre fédéral Joe Clark a — ce n'est pas trop tôt — désavoué les dons financiers que deux sociétés de la Couronne — Air Canada et le CN — avaient versés il y a quelques mois au Comité Pro-Canada, qui milite pour le « non » au référendum préparant l'indépendance du Québec.

Les hommes qui ont voté ces cadeaux sont des gens respectables et, d'ordinaire, réfléchis. Mais ils ont pensé qu'en tant que responsables d'institutions fédérales, il leur fallait faire plus, pour servir la cause de l'unité nationale, que veiller au bon fonctionnement des lignes aériennes et ferroviaires. Ils ont cru que leur mandat comportait un corollaire: soutenir une action politique visant à défendre l'Etat en utilisant, à d'autres fins que celles pour lesquelles les subventions sont accordées, une partie des fonds que ce même Etat verse à leurs organisations.

Les deux compagnies ont leur siège social à Montréal, et ce fait renforçait, apparemment, l'étrange logique des transactions: en tout patriotisme, il fallait jouer les bonnes « entreprises-citoyennes » du Québec.

Il y a, dans ces dons, une terrible ironie: frôlant souvent le kamikazé, Air Canada a, pendant des années, desservi la

_____

*The Vancouver Sun, etc., 31 octobre 1979.

cause de l'unité nationale en s'opposant à la mise en vigueur de tarifs raisonnables (et bâtisseurs de nation) sur les vols intérieurs et, surtout, en ignorant les préférences linguistiques des passagers. Les choses ont nettement progressé dans les deux domaines, mais que d'atermoiements déchirants, que de combats d'arrière-garde, que de mauvaise volonté bornée pour former les employés à cette élémentaire courtoisie: servir les passagers dans la langue de leurs impôts et de leur billet d'avion!

Insultés sur le plan linguistique dans les entreprises fédérales, de nombreux passagers francophones sont devenus séparatistes. Et maintenant qu'« Ottawa » a détourné une partie du prix de leurs billets pour combattre leur option politique, ils trouvent qu'ils ont une raison de plus pour s'en tenir à leur choix.

En condamnant l'activité politique des sociétés de la Couronne, M. Clark ne ramènera pas ces citoyens au camp fédéraliste. Mais il rassurera les Québécois fédéralistes, qui sentiront à nouveau qu'eux aussi ont d'excellentes raisons de s'en tenir à leur choix.

Le second événement révèle un manque de jugement encore plus profond chez certains soi-disant fédéralistes. Dans tout le Canada, des associations d'enseignants anglophones font la collecte pour aider la Provincial Association of Catholic Teachers of Quebec (PACT) à combattre la Loi 101 en admettant à l'école anglaise des enfants d'immigrants légalement astreints à s'inscrire à l'école française.

Bien qu'encourageant la désobéissance aux lois d'une autre province, cette initiative de l'extérieur a tout de même un noble objectif: soutenir le droit des parents à faire instruire leurs enfants dans la langue de leur choix.

Le principe est élevé, plus élevé même, pour un esprit civilisé, que le droit à l'autonomie provinciale en matière d'éducation. Mais la campagne du PACT, elle, a un arrière-goût saumâtre d'esprit partisan puisqu'elle s'applique uniquement aux anglophones du Québec.

« La Loi 101 comporte, certes, quelques réelles injustices », déclarait la semaine dernière, dans une lettre au *Globe and Mail,* M. Drew Monkman, un Anglo-Québécois, « mais par rapport à la minorité francophone de l'Ontario, nous avons l'air gâtés. »

Il aurait pu ajouter, pour renforcer son argument, « par rapport à la minorité francophone de n'importe quelle autre province ». Mais il parlait de Penetanguishene, la ville onta-

rienne où le gouvernement conservateur du premier ministre Bill Davis a, une fois de plus, refusé aux élèves francophones la sécurité culturelle d'une école secondaire française logée dans ses propres quartiers.

Comme l'indique M. Monkman, l'étroitesse d'esprit de
l'Ontario « a non seulement hâté l'assimilation des francophones de Penetanguishene, mais a renforcé l'analyse que
M. Lévesque fait de la réalité canadienne ».

Les péquistes sont ravis de pouvoir citer des cas comme
Penetanguishene, continue M. Monkman, et les Anglo-
Québécois, du coup, « perdent toute crédibilité » lorsqu'ils
protestent contre certains aspects manifestement injustes
des lois péquistes.

En désespoir de cause, les citoyens francophones de Penetanguishene en sont réduits à mendier des dons auprès
d'autres francophones pour ouvrir leur école.

Les Tories de l'Ontario semblent incapables de saisir la
question nationale cruciale qu'ils esquivent : notre fair-play
canadien est-il fair-play pour tous les Canadiens ou simplement pour les Canadiens anglophones ?

Mais nos enseignants, gardiens de l'avenir de nos enfants et en principe mieux instruits que la plupart des hommes politiques, devraient être assez intelligents et honnêtes
pour comprendre l'enjeu. Et pour faire parler leur argent dix
fois plus fort... en en envoyant au moins une partie à Penetanguishene.

Pepin-Robarts :
bon sens tous azimuts*

Le document était spécial. Le premier ministre René Lévesque en fit livrer un exemplaire à son avion juste avant son décollage pour Washington. A Vancouver, onze ministres, venant d'Ottawa et des dix provinces, s'arrêtèrent en pleine conférence pour en prendre connaissance. Plus tard, chacun pourrait y trouver failles ou faiblesses ; pour l'instant, c'était la lecture obligatoire.

Il s'agit, bien sûr, du premier volume du rapport de la Commission de l'unité canadienne. Depuis 20 ans, un Niagara d'études sur les problèmes du Canada risque de noyer le poisson. Cette étude-ci, limpide et concise, est de loin la meilleure. Car, malgré ses points de litige inévitables, le « rapport Pepin-Robarts » dresse un ordre du jour pour chaque homme politique et chaque citoyen qui se préoccupe de l'avenir de son pays.

Le rapport tombe à point nommé, c'est le cas de le dire. La semaine prochaine, on reprend à Ottawa la fragile conférence au sommet sur la Constitution ; quelques semaines après, on déclenche des élections fédérales ; quelques mois plus tard, les Québécois voteront une sorte de oui ou non à l'indépendance. Ce n'est guère étonnant que le rapport soit devenu, sur-le-champ, le sujet de toutes les conversations politiques.

Mesurons d'abord l'impact du rapport sur les pourparlers constitutionnels récemment ressuscités. Dorénavant, ces discussions ont une optique inattendue : un plan cohérent, « non partisan », signé par deux des plus crédibles des grands commis de l'Etat au Canada : Jean-Luc Pepin, libéral, et John Robarts, conservateur.

*La Presse, 31 janvier 1979.

Certains participants à ces pourparlers, en particulier Richard Hatfield, premier ministre du Nouveau-Brunswick, et Peter Lougheed, celui de l'Alberta, vont sans doute se plaindre que le rapport Pepin-Robarts déraille leurs petites locomotives politiques personnelles. La plupart des négociateurs, tout en déplorant tel ou tel détail du document, vont pourtant se féliciter que le rapport vienne éclairer leurs travaux d'un peu d'ordre et d'un peu de justice.

Un des délégués à la conférence constitutionnelle de Vancouver de la semaine dernière a lancé avec sympathie cette boutade sur le rapport: « C'est du fédéralisme à la carte ». En effet, chaque région, chaque parti politique même, peut y trouver son compte, ainsi que des aspects à contester. Mais c'est précisément à cause de sa perspective tous azimuts, qui reflète les réalités régionales tout en les dépassant, que l'ensemble du rapport ne peut être ignoré.

Quant au choix du moment et du thème des prochaines élections fédérales, l'influence du rapport risque d'être déterminante.

Au profit de Pierre Trudeau, le rapport ranime (au Canada anglais) l'intérêt pour l'unité nationale, la question électorale brevetée des libéraux, juste à temps pour mettre en relief sa conférence constitutionnelle de la dernière chance (la dernière pour M. Trudeau en tout cas) qui s'ouvre à Ottawa le 5 février. Les conservateurs, par une série de gaffes récentes, ont renforcé la tentation de M. Trudeau d'aller vite aux urnes ; le tour du monde Laurel et Hardy de Joe Clark, l'envie qu'a le chef tory d'augmenter un déficit budgétaire déjà dangereusement inflationniste, et ses mésaventures avec son nouveau député David Crombie (qui croyait que la souveraineté-association était une forme de fédéralisme) — tout cela annonce une campagne libérale anticipée, oriflammes au vent, pour « sauver le Canada ».

Le document Pepin-Robarts n'est guère, toutefois, un programme électoral sur mesure pour M. Trudeau. En proposant une dévolution de compétences constitutionnelles vers l'Ouest et l'Atlantique, ainsi qu'une reconnaissance franche et généreuse du caractère unique du Québec, la Commission Pepin-Robarts heurte de front une bonne partie des croyances classiques du premier ministre.

En fait, les conservateurs (en ce qui a trait à la nouvelle Chambre haute et les compétences accrues aux provinces) et les néo-démocrates (en ce qui concerne une Chambre des communes plus représentative et la péréquation entre les régions) pourraient revendiquer le rapport comme le leur à plus juste titre que M. Trudeau. Si Joe Clark et le chef NPD Ed Broadbent décidaient d'adopter le gros de Pepin-Robarts et de se présenter avec le rapport face à un Trudeau baptisé « centralisateur étouffant », ils auraient des chances de battre le PM sur son propre terrain de prophète d'une patrie.

Le rapport devrait encourager aussi les premiers ministres provinciaux. De toutes les régions hors Québec, c'est peut-être l'Ouest qui réalise le plus ses aspirations économiques et politiques dans ce rapport. La souveraineté sur les richesses naturelles, le pouvoir de nommer les délégués à un nouveau « Conseil de la Fédération », une nouvelle voix au chapitre des nominations aux organismes régulateurs pour les transports et l'énergie (sans parler de la Cour suprême) — voilà autant de moyens d'accorder à l'Ouest des pouvoirs politiques plus en relation avec sa nouvelle force économique.

Mais le principal bénéficiaire du rapport, en dehors d'Ottawa, pourrait fort bien être M. Claude Ryan, le chef libéral du Québec. Bien sûr, M. Ryan ne pourrait jamais reconnaître une paternité outaouaise à sa propre « troisième option » fabrication maison, ce mi-terme entre le « statu quo » de M. Trudeau et la sécession assortie de liens économiques prônée par M. Lévesque. Mais M. Ryan pourrait citer le rapport à l'appui de son optimisme, en signalant que l'unanimité des huit membres de la Commission est la preuve qu'un Canada nouveau est en train de se bâtir, un Canada où le Québec pourra respirer en toute liberté.

Quant au gouvernement péquiste du Québec, le rapport apporte soleil et nuages. D'une part, l'analyse éloquente que fait le rapport de la place inégalée du Québec comme « la métropole culturelle francophone, par où se manifestera la présence française en Amérique du Nord tout entière » a ému et flatté nombre de péquistes. « C'est la première fois, me confia jeudi dernier un des stratèges péquistes les plus en vue, qu'Ottawa nous donne une telle légitimation. »

Par contre, la générosité même de Pepin-Robarts à l'endroit du Québec (on plaide en faveur de tous les pouvoirs raisonnables pour que le Québec puisse défendre son patrimoine français) pourrait embarrasser le PQ. « Si jamais Trudeau et le Canada anglais acceptaient une place aussi large pour le Québec, ajoutait un autre proche du PQ, la souveraineté-association aurait en face d'elle une option rivale assez sérieuse lors du référendum. »

Ni l'un ni l'autre de ces porte-parole québécois ne craint un tel aboutissement. « Nous pensons pouvoir compter et sur Trudeau et sur le Canada anglais pour rejeter le plaidoyer Pépin-Robarts pour le Québec », s'accordaient-ils pour dire, avec toute la tranquille assurance d'hommes qui avaient cherché à croire un peu trop souvent, mais qui avaient perdu l'espoir.

Malgré tout, l'utilité la plus profonde de ce rapport remarquable demeure sa capacité de changer les attitudes du citoyen moyen.

Sans doute est-il vrai que chacune de ses idées sur les institutions ou les lois susciterait quatre opinions parmi des profs de droit. Mais l'analyse que fait la Commission du malaise canadien « d'un océan à l'autre » est si lucide, si sensée et si riche en tolérance que le rapport mérite une distribution de masse: il s'agit réellement d'un miroir devant la réalité complexe et insaisissable de notre pays.

Nous sommes, comme le dit à juste titre le rapport, « un pays composé de mille solitudes, d'une pléthore d'îles vivant en autarcie, sans voisin à l'horizon et ignorant tout — et c'est cela qui est tragique — de l'ensemble auquel elles appartiennent ». Quel que soit le sort que connaîtront les recommandations de la Commission ce printemps ou dans les années à venir, une telle ignorance, du moins pour ceux de nos dirigeants et commentateurs qui sont censés voir plus loin que le bout de leur nez, est désormais inexcusable.

Solange aux barricades*

Troquant plume pour épée, Solange Chaput-Rolland a fait le grand saut auquel l'avait préparée sa longue histoire d'amour avec le Québec et le Canada. Le mois prochain, lors de l'élection partielle de Prévost, la journaliste-vedette de Montréal devrait ajouter une voix passionnément lucide aux tambours de l'opposition conduits par M. Ryan.

Mme Chaput-Rolland n'est pas une simple cantinière accourue pour requinquer les troupes soi-disant essoufflées du fédéralisme québécois. Ses multiples ouvrages sur sa patrie schizophrène, ses innombrables débats à la radio et à la télévision, ses conférences d'un bout à l'autre du pays lui donnent une incontestable autorité morale.

Son ralliement aux libéraux confirme et concentre la stratégie « positiviste » de M. Ryan pour contrecarrer l'objectif indépendantiste du Parti Québécois.

Au cours des vingt dernières années, les défenseurs de la cause canadienne au Québec ont commis quatre erreurs qui ont sapé leur message :

—L'approche fédéraliste a été négative (antiséparatiste) et sur la défensive. Le « non au séparatisme » du premier ministre déchu Robert Bourassa trahissait un camp en banqueroute spirituelle.

Cette politique de peur ne fit qu'accroître la curiosité du public pour le fruit défendu de l'indépendance. De plus, en parlant du bout des lèvres des avantages du fédéralisme (liberté dans la sécurité), les fédéralistes ont laissé partout entendre que, comparé à un Québec souverain, le Canada était en quelque sorte un pis-aller.

—La fibre spirituelle du Canada au Québec a été assé-

---

*The Vancouver Sun, etc., 8 août 1979.

chée par l'obsession des bénéfices économiques. Le « fédéralisme rentable » de M. Bourassa ne faisait qu'illustrer plus
franchement cette trivialisation du pays.

Ses prédécesseurs à Québec et ses collègues d'Ottawa
ne firent guère mieux : ils laissèrent la poésie aux péquistes,
et du coup les Québécois durent croire que le Canada n'était
qu'une machine à calculer et ne serait jamais une patrie.

— Les chefs fédéralistes au Québec ont trop souvent
accepté de réduire tous les problèmes à une confrontation
entre Anglais et Français. En schématisant et en déformant
tout — depuis l'agriculture jusqu'à l'aviation — cette manie
du noir et blanc, du nous-contre-eux, a délavé l'arc-en-ciel
canadien et servi à ravir les caricatures présentées par les
péquistes.

— Avant l'ère de Claude Ryan, le contenu et l'organisation de la cause fédéraliste se décidaient essentiellement à
Ottawa, non pas à Québec.

Malgré la présence de Québécois dévoués à Ottawa (de
Guy Favreau à Jean Chrétien), le filtre fédéral tendait à obs-
curcir ce qui aurait dû être le pilier essentiel de la politique
« canadienne » dans la Belle Province : la dignité du Québec.

En entrant en lice, Mme Chaput-Rolland apporte,
comme M. Ryan, un esprit et un coeur disposés à changer
tout cela.

Elle arrive à point nommé pour que, avec son aide, le
débat référendaire puisse présenter deux options opposées
mais honorables.

Pour commencer, ce n'est pas son style de s'abaisser ni
d'avilir ses convictions en faisant de l'antiséparatisme stérile. Certes, dans le feu de la polémique, elle sera forcée
d'envoyer quelques rudes coups dans les gencives des péquistes qui joueraient avec la vérité ; pourtant, elle consa-
crera le plus clair de ses forces à exalter le Canada au sein
duquel, pense-t-elle, le Québec pourrait se tailler une place
bien à lui.

Ensuite, ce Canada, elle ne le définira pas comme un
paradis pour comptables, une vache à lait bonne à traire et
non à nourrir. « J'ai deux amours, le Québec et le Canada »,
a-t-elle expliqué en se joignant à la Commission Pepin-Robarts sur l'unité canadienne.

Ses discours porteront certainement la marque de ses
oeuvres écrites : amour, valeurs humanistes, croyance à l'en-
richissement civilisateur assuré par le pluralisme parfois ca-
hoteux de ce pays impossible.

Ses périples avec la Commission Pepin-Robarts ont également affiné sa perception des nuances infinies que comptent les peuples et les sociétés du Canada. En aidant M. Ryan à charpenter la place du Québec au sein du Canada, elle peut dépasser de très loin les slogans faciles qui rejouent sans cesse les Plaines d'Abraham.

Enfin, en Québécoise « pure laine », Mme Chaput-Rolland insistera, tout comme M. Ryan, sur une défense du Canada made-in-Québec.

Nationaliste québécoise chevronnée, Mme Chaput-Rolland peut esquiver sans peine les flèches du PQ; qui plus est, sa connaissance du Canada anglais devrait l'aider à présenter les intérêts du Québec sur des notes (y compris l'humour et la colère) plus propres à éveiller la sympathie que le coup de poker de la souveraineté-association.

Bref, M. Ryan a gagné là une collègue en or. Candidate dans sa propre circonscription, elle semble bien partie pour la victoire. Si elle l'emporte, on reparlera sûrement de cette femme de tête et de coeur aux deux amours.

Incarnations et réincarnations*

Lorsque le temps a décanté la réputation d'un homme d'Etat, on peut juger de son apport par ce que, en fin de compte, il incarne. Comme l'admettent en beaux joueurs Robert Stanfield, Joe Clark et Ed Broadbent, ses adversaires d'hier, Pierre Trudeau symbolisera toujours la difficile réconciliation des Canadiens francophones et anglophones.

Pour pouvoir complètement personnifier une politique, un homme politique doit y mêler ses idées, sa volonté, son style.

L'engagement instinctif de M. Trudeau envers l'égalité entre francophones et anglophones lui vient de ses origines familiales et de son éducation. Mais au cours de ses douze ans au pouvoir, son plan stratégique pour faire accepter, et s'entre-accepter, nos «deux peuples fondateurs», découlait d'un document fort décrié mais peu lu, le rapport de la Commission royale d'enquête sur le bilinguisme et le biculturalisme.

Si l'architecte moderne de la réconciliation fut le premier ministre Lester Pearson qui nomma la commission B.B., son philosophe-mentor fut André Laurendeau, le légendaire journaliste montréalais. Avant de mourir à mi-mandat, Laurendeau, soutenu par la féconde sagesse de son coprésident Davidson Dunton, esquissa les contours d'un Canada susceptible de fonctionner.

Le diagnostic essentiel de M. Laurendeau analysait deux dimensions de l'égalité entre francophones et anglophones: reconnaissance, de l'Atlantique au Pacifique et dans nos principales institutions publiques et privées, des

---

*The Vancouver Sun, etc., 30 novembre 1979. Cet article fut publié peu après l'annonce de la retraite de M. Trudeau. L'article qui suit apporte une mise à jour de cette nécrologie prématurée...

166

droits linguistiques ; puis, respect pour la sécurité culturelle du Québec.

Sans doute M. Trudeau était-il par tempérament plus enclin à se pencher sur la première dimension. Il est certain que l'aisance avec laquelle il assumait le biculturalisme dans sa vie personnelle l'a incité à submerger la dimension « forteresse Québec » dans sa vision optimiste de l'égalité d'un océan à l'autre.

La dynamique de son statut de Canadien français dans l'arène politique nationale l'a sûrement conduit dans le même sens. La scène fédérale demande une vision pancanadienne, non pas une politique de particularismes. Et victime de la chimie intertribale qui conditionne tous nos premiers ministres à ne pas paraître privilégier leur groupe d'origine, il semblait souvent moins bien disposé à accueillir la personnalité distincte du Québec que ne l'étaient Lester Pearson, Robert Stanfield ou John Robarts.

Mais M. Trudeau était résolu à développer l'autre égalité, l'égalité entre francophones et anglophones à l'échelle canadienne, ce qui demandait détermination et patience hors pair, deux qualités qu'il a amplement démontrées.

La Loi sur les langues officielles de 1969 est presque devenue le symbole de son administration. Avec le soutien éclairé des chefs de l'opposition, M. Trudeau a aiguillonné cette réforme avec ferveur, fermeté et finesse.

Sur certaines questions d'intendance — les tentatives coûteuses et souvent peu pratiques de protéger les postes des Anglo-Canadiens au moyen d'une formation linguistique des fonctionnaires, par exemple — le détachement de M. Trudeau a forcé sa « finesse » à défier le bon sens. Il se serait en outre épargné bien des angoisses s'il avait fait la loi à ses ministres anglophones qui, pusillanimes, lésinaient pour plaider au Canada anglais l'esprit (simple comme bonjour pourtant) de sa législation linguistique: servir chaque Canadien dans la langue de ses impôts.

Pourtant ces défauts ne sont que broutilles face à l'énorme et irréversible réforme que M. Trudeau a mise en branle. Aujourd'hui, une décennie après l'Ottawa archi-anglaise de Charlotte Whitton, notre capitale fédérale est une Capitale: tout comme les anglophones, les Canadiens francophones peuvent presque partout y vivre et y travailler sans raser les murs. Et tandis qu'il y a dix ans un Canadien français devait démontrer pourquoi il fallait qu'on le serve en français, c'est maintenant aux bureaucrates d'expliquer pourquoi l'Etat ne doit pas obtempérer.

Autre réforme durable (et il était tout juste temps): le soutien et l'inspiration que M. Trudeau a donnés aux Canadiens français hors du Québec. L'ancien secrétaire d'Etat Gérard Pelletier a offert un leadership moral et financier aux Acadiens, aux Franco-Ontariens et à leurs frères des autres provinces, ce qui a contribué à l'émergence de nouvelles élites pleines de talent, décidées à inverser le courant presque désastreux de l'assimilation.

Il y a une dizaine d'années, les Québécois se gaussaient des Acadiens qu'ils traitaient en cousins rustauds. Aujourd'hui, la vitalité innée des Acadiens, encouragée en premier lieu par Ottawa, a donné les chanteuses Angèle Arsenault et Edith Butler, deux artistes de réputation internationale qui ont rétabli l'Acadie dans le folklore français universel. Il y a quelques jours, la romancière Antonine Maillet a remporté la plus haute récompense littéraire de France, le prix Goncourt. L'Ottawa de M. Trudeau n'a pas inventé ces vedettes, mais il a donné à leur culture confiance et reconnaissance.

Enfin, la joie de vivre et le panache personnels de M. Trudeau — même ses entrechats sous le nez de la Reine à Buckingham Palace? — ont bouleversé de fond en comble l'image du français au Canada anglais. Jadis soi-disant « patois » d'un peuple conquis, le français est devenu, en harmonie avec le style Trudeau, une langue mondiale pleine de sex-appeal.

Les dizaines de milliers d'écoliers anglo-canadiens actuellement dans des programmes d'immersion française et les Canadian Parents for French — un groupe réparti sur 28 villes et comptant plus de 8 000 membres — doivent pratiquement toutes leurs nouvelles perspectives à Pierre Trudeau.

Maintenant, M. Trudeau a l'intention de se réinstaller chez lui, à Montréal; c'est là, dans ses pénates et croisant le fer avec René Lévesque, son vieux rival en escrime politique, qu'il pourra faire le plus grand bien pour le Canada.

C'est là que, libéré des servitudes de la politique fédérale, il pourra enfin se concentrer sur l'autre moitié du programme inachevé d'André Laurendeau: la place du Québec dans l'ensemble canadien.

S'il veut éviter de donner des coups d'épée dans l'eau, M. Trudeau devra mettre à profit sa liberté retrouvée pour

forger de nouvelles idées en meilleur accord avec l'indénia-
ble originalité de la personnalité québécoise.

Il a déjà eu un mot aimable pour le travail innovateur
du rapport Pepin-Robarts qu'il avait poliment écarté lorsqu'il était au pouvoir. S'il continue dans ses efforts pour intégrer la spécificité du Québec à son schéma, il donnera aux
Québécois la preuve la plus éloquente que certains sexagé-
naires sont plus jeunes que d'autres.

Les Québécois, tout épris qu'ils aient été de la vieille incarnation de M. Trudeau, ne crieraient pas à la volte-face.
Compréhensifs, ils parleraient de... réincarnation créatrice.

Lazare ressuscité*

Le Lazare des Ecritures est ressuscité du linceul après quatre jours. Pierre Trudeau, le Lazare politique du Canada, a mis trois semaines. Mais un avantage de 21 p. 100 au sondage Gallup confirme que notre ex-(et bientôt futur?) premier ministre éveille les mêmes sentiments que son homologue biblique: surprise, gratitude et indulgence.

Avec un aplomb qui coupe le souffle, M. Trudeau nous revient avant même d'être parti pour de bon; la surprise est telle qu'elle balaie toute question sur les motifs de l'homme — vengeance ou réforme, pouvoir ou patriotisme?

Après la surprise, la gratitude lorsque, après avoir longuement insulté et, le 22 mai, profondément blessé M. Trudeau, les gens se rendent compte qu'ils ont bien de la chance d'avoir un homme d'Etat chevronné, mais encore... discomane, à flatter ou à flageller tour à tour.

Le premier ministre tory Joe Clark a une réputation de gaffeur qui, sans être entièrement justifiée, augmente assez le contraste avec l'image Trudeau pour que l'on oublie qu'au cours des deux ou trois dernières années, M. Trudeau a joué l'âne de Buridan.

L'indulgence, enfin, couronne le tout. A part quelques éditoriaux râleurs et une ou deux petites chroniques pincées sur la mégalomanie, notre presse a été bien plus coulante envers M. Trudeau qu'envers M. Clark. Lorsque, fidèle à son rôle d'homme invisible des libéraux, M. Trudeau a refusé plusieurs fois de s'engager dans un débat télévisé avec Joe Clark et le chef NPD Ed Broadbent, il n'a pas été foudroyé mais plutôt taquiné.

Public et presse ne sont rebutés ni par le programme

---

*The Vancouver Sun, etc., 30 janvier 1980.

inexistant des libéraux ni par leur « équipe » fantôme. Telles que les choses se présentent aujourd'hui, Lazare vivra bien longtemps après la réussite de son nouveau gouvernement qui sera élu le 18 février.

Mais donnez un miracle aux gens, et ils en réclament une douzaine. Verrons-nous maintenant les prodiges suivants ?

— *L'Ontario* : Après avoir laissé entendre qu'en le réélisant l'industrie et les consommateurs ontariens échapperaient à l'épouvantable robe de bure du budget Crosbie qu'il a démoli, M. Trudeau devra trouver un moyen élégant de rétablir le plus clair dudit budget Crosbie.

Sans aller plus loin, prenons l'augmentation modérée des prix du pétrole proposée par les Tories : c'est sans doute le moyen le plus sûr d'assurer une conservation sérieuse de l'énergie. Si M. Trudeau essaie d'appâter l'Ontario avec du pétrole trop bon marché (nous payons aujourd'hui l'essence trois fois moins cher que les Européens), il subventionnera tout simplement le gaspillage et découragera toute tentative de soigner la véritable maladie de l'industrie ontarienne : sa faible productivité.

— *Le Québec* : Là, il faut un double miracle, humilité et retenue. Avant le référendum de juin visant à préparer l'indépendance, M. Trudeau doit se faire tout petit et laisser Claude Ryan, le chef libéral du Québec, mener les forces fédéralistes.

Après le référendum — quel qu'en soit le résultat — et les élections provinciales qui s'ensuivront et qui verront probablement la victoire de M. Ryan, M. Trudeau devra manifester — de nouveau avec M. Ryan — la mentalité « d'équipe » que ses seconds, sans excès de vraisemblance, lui attribuent. Dans la même foulée, il lui faudra confondre frères et félons en reconnaissant que le fédéralisme plus ouvert de M. Ryan marchera peut-être mieux que sa propre version paternaliste.

— *L'Ouest* : Si M. Trudeau tombe à bras raccourcis sur les prix du pétrole albertain, l'Ouest pensera que le premier ministre a encore des coups durs dans sa manche pour les autres richesses essentielles de la région. Si M. Trudeau persiste, la colère... souterraine des gens de l'Ouest — qui sont las de jouer toujours les colonies du Canada central — pourrait déboucher sur des tensions politiques comparables à celles du Québec.

Ce miracle — la compréhension de l'Ouest par les libé-

raux — ne peut survenir que si la politique de l'Ouest se dé-
cide à l'Ouest (voir le Québec de M. Ryan). Non qu'il faille,
pour satisfaire les vieilles doléances, faire de l'« ad-hoc-
quisme » pavlovien (par exemple — en nivelant les Rocheuses ? — doubler les rails de chemin de fer afin de séduire les
cultivateurs de blé). Ce qu'il faut, c'est demander à des libéraux réfléchis comme Gordon Gibson, en Colombie britannique, Michael Webb, en Alberta, et Lloyd Axworthy, au
Manitoba, d'organiser des conférences largement ouvertes
sur la façon de donner à l'Ouest des pouvoirs politiques permanents proportionnés à sa population et à sa puissance
économique.

    — *Le leadership* : Comment M. Trudeau pourrait-il nous
étonner ? D'abord, en pratiquant dans son gouvernement
une politique d'ouverture et d'accessibilité que ni lui, ni ses
bureaucrates n'ont jusqu'à présent démontrée. Un bon point
de départ : une loi résolument généreuse sur l'accès aux ren-
seignements gouvernementaux aujourd'hui qualifiés — parfois abusivement — de confidentiels ou de secrets d'Etat.

    Nous serions également bien fort impressionnés si M.
Trudeau démontrait qu'il pouvait attirer et garder des collègues canadiens anglophones de premier ordre. La longue
liste de collaborateurs solides qui l'ont quitté donne à M.
Trudeau des allures d'homme-orchestre qui ne peut tolérer
la présence d'autres bons musiciens. Dans son parti, on lui a
toujours refusé les critiques constructives dont il avait dé-
sespérément besoin ; il doit maintenant apprendre à les sol-
liciter.

    Enfin, M. Trudeau doit se voir en bâtisseur de nation, et
non plus en sauveur de nation. En 1968 et plus tard, ses croi-
sades en faveur d'un Canada uni ont grandement contribué
à former le sens national des Canadiens. Mais s'il continue à
faire du messianisme monolithique, il finira par singer John
Diefenbaker.

    Aujourd'hui qu'il peut tirer leçons et courage d'un Qué-
bec renaissant et d'un Ouest en effervescence, M. Trudeau
devrait consacrer ses talents d'enseignant à promouvoir une
compréhension mutuelle entre les régions. Pas un seul
homme politique provincial ne peut ou ne veut le faire. Ce
rôle revient d'office à tout premier ministre du Canada et le
jouer fera infiniment plus, pour « unir » ce pays, qu'une ky-
rielle de tirades sur « un gouvernement central fort ».

    Tout compte fait, la résurrection de M. Trudeau exige
que, cessant d'essayer de marcher sur les eaux constitution-

nelles, il devienne poète-artisan du possible et construise des ponts au-dessus de nos multiples torrents d'incompréhension.

Le Lazare des libéraux s'est levé et il a marché. Mais où va-t-il, et comment ?

Le courage d'être Canadien*

Comparé au Canada scindé et sectaire du premier ministre René Lévesque, le Canada secoué de Claude Ryan constitue peut-être « l'option difficile » pour notre constitution. Rejetant les rêves doctrinaires de M. Lévesque, le chef libéral du Québec demande aux Québécois et aux autres Canadiens de re-méditer le Canada en termes d'un réalisme radical.

Sous le titre « Une nouvelle fédération canadienne », le manifeste libéral du Québec présente sur 141 pages une défense solide et raisonnée du Canada, la plus éloquente qui soit jamais née au Québec. Pourtant, lorsqu'ils s'y plongeront, les Canadiens — particulièrement les non-Québécois — verront que son envergure pancanadienne demande une réponse encore plus audacieuse et imaginative que la formule « Fichons-nous-la-paix » de la souveraineté-association prônée par M. Lévesque.

M. Ryan évite, lorsqu'il évoque le Québec, le jargon serre-fesses du genre « statut particulier ». Mais ses propositions pour Ottawa, le Québec et les autres provinces chamboulent bien des habitudes constitutionnelles et émotives.

Sur les droits linguistiques, par exemple, il demande que l'Ontario, le Manitoba et le Nouveau-Brunswick acceptent législatures et tribunaux bilingues, et que dans les écoles, les services sociaux et les tribunaux de droit pénal, toutes les provinces garantissent à chacun le libre choix entre le français et l'anglais. Des droits semblables s'étendraient aux langues indigènes (amérindiennes et inuites).

D'autre part, M. Ryan accorderait aux provinces d'énormes compétences nouvelles — sociales, culturelles et, à un

---

*The Vancouver Sun, etc., 16 janvier 1980.

certain degré, économiques, ce qui ne peut manquer de traumatiser une bonne partie de l'Establishment outaouais.

Pour asseoir cette large décentralisation, M. Ryan parachuterait l'autorité provinciale en plein coeur des centres de décision fédéraux. A la place du Sénat, un Conseil fédéral aux délégués nommés par les gouvernements provinciaux pourrait empêcher les empiètements sur les compétences provinciales, dire son mot sur la composition de nombreux organismes fédéraux — et même sur les pouvoirs « d'urgence nationale » et le commerce international. Pour les questions relatives à l'équilibre français-anglais, les francophones auraient voix égale avec les anglophones.

En bref, le plan de M. Ryan modifierait profondément les rapports entre pouvoir central et pouvoir provincial et abandonnerait les distinctions entre gouvernements « mineurs » et gouvernements « majeurs » au profit d'une association fédérale-provinciale égalitaire.

Ainsi défini, le Canada serait moins la nation « d'un océan à l'autre » de Pierre Trudeau que la « communauté de communautés » de Joe Clark.

Fidèle à son style et à son tempérament personnels, M. Ryan préfère la substance à la forme. Qu'est-ce qui est utile? Qu'est-ce qui protège le mieux la liberté individuelle, l'égalité des cultures et des chances? Telles sont les questions que lui et son comité libéral se sont posées, et leurs réponses pleines de bon sens montrent qu'ils ont étudié leurs dossiers à fond et qu'ils ont vu bien au-delà de leur terroir québécois.

Outre le sérieux de ses tentatives de solution pour non seulement le Québec, mais le Canada tout entier, le manifeste de M. Ryan se distingue sur plusieurs plans du récent Livre Blanc du PQ sur la souveraineté-association.

Comme M. Lévesque, M. Ryan peut revendiquer son appartenance à la tradition québécoise qui considère le Québec (selon le mot de l'ancien premier ministre Jean Lesage) comme « l'expression politique du Canada français ». Mais la fidélité de M. Ryan à la spécificité québécoise s'ouvre sur le grand large avec optimisme et confiance, au lieu de s'accrocher à la petite patrie insulaire dans la peur et la méfiance. En cela, elle représente un nationalisme plus mûr, un nationalisme qui, à partir de racines solides, dit oui à l'aventure, à la compétition, à la coopération.

M. Ryan se distingue aussi par sa sérénité et sa générosité face à ses adversaires indépendantistes. Au lieu de leur renvoyer leurs insultantes excommunications, il concède que, dans la mesure où les péquistes respectent d'autres choix également valables, « leurs idées, elles aussi, sont nobles et généreuses ».

Voilà qui lance un stimulant défi intellectuel et spirituel au Parti Québécois et aux Canadiens hors Québec.

Surclassés par l'imposant travail de recherche de M. Ryan et par sa meilleure connaissance du Canada anglais, les péquistes en sont réduits à remâcher de vieux griefs et à pinailler sur les formes et les symboles. Leurs réfutations insistent hargneusement sur de soi-disant « reculs » et sur un Canada anglais qui, selon eux, refuserait de discuter d'un document présenté en toute bonne foi plutôt qu'avec cynisme.

Mais là réside la grande ironie. C'est la profonde compréhension des besoins et des espoirs du Canada anglais, comme de ceux du Québec, qui fait la force inédite du document de M. Ryan. La perspective franchement canadienne de M. Ryan désarme; son idéalisme pragmatique convainc; son approche délicate (il laisse, par exemple, la monarchie de côté pour l'instant) séduit. Voilà qui pourrait bien rallier le Canada anglais aux aspirations du Québec... un gigantesque pas en avant.

Comme doivent l'admettre les fédéralistes objectifs, les propositions de M. Ryan tirent une partie de leur vigueur politique de l'alternative indépendantiste. Rétrospectivement, l'élection de M. Lévesque le 15 novembre 1976 commence à ressembler au « oui de négociation » que les péquistes persistent à vouloir extraire de la question — déjà triturée jusqu'à la bouillie — qu'ils préparent pour le référendum de juin prochain.

Pour appuyer M. Ryan au Canada anglais, M. Lévesque et ses amis n'ont qu'à s'accrocher un peu plus longtemps à leur rôle d'épouvantail. Qu'ils perdent ou non le référendum ou même les élections qui le suivront, leur entêtement — ne serait-ce que dans l'opposition — les condamnera à étançonner la crédibilité de M. Ryan pour négocier un nouveau pays avec le reste du Canada.

Cette alliance involontaire des deux camps au Québec renforce l'allure d'« option difficile », pour le Canada anglais, des propositions Ryan. Certes, les négociations seront serrées, et traîneront peut-être sur trois ou quatre ans; mais chaque fois que le Canada anglais s'opposera trop durement aux revendications de son Québec « fédéraliste », M. Ryan n'aura qu'à sourire et regarder par-dessus son épaule: amplifié par la bruyante impatience des péquistes, son message remettra bien vite le dossier québécois sur les rails.

Sans doute, les libéraux de M. Ryan devront-ils, eux aussi, réussir (prendre la proie ou prendre la porte?), ce qui injectera à la discussion une saine atmosphère de compromis dynamique.

En évitant les ultimatums humiliants chers au Parti Québécois, une telle ambiance est la seule à pouvoir engendrer la « nouvelle entente » entre Canada anglais et Canada français que le PQ déclare appeler de ses voeux. Car il s'agira véritablement, en termes de force politique et de dignité humaine, d'une négociation « d'égal à égal ».

Puisque le temps de la réconciliation — entre Québécois eux-mêmes et entre Québécois et autres Canadiens — viendra peut-être plus tôt qu'on ne le pensait il y a un an, une telle issue pourrait constituer le triomphe ultime, et bien mérité, de René Lévesque et de son remarquable parti.

4 Conclusion

Avocasseries pour l'avenir*

Je pense que, malgré la chronologie dans laquelle on se trouve engagé, il est indispensable que, de part et d'autre, chez péquistes et fédéralistes, et pour la grande masse de Canadiens et de Québécois qui se trouvent entre les deux, on commence d'ores et déjà à préparer la période qui suivra le référendum.

Il y a, en ce moment, toute une génération d'hommes politiques fort valables. Souvent, toutefois, des hommes d'Etat de grande intégrité, de génie même, se trouvent entraînés dans un débat où déformation, mensonge et intoxication sont les règles du jeu. (...) Dans la nature des choses, je pense qu'une polarisation aussi radicale qu'un débat constitutionnel entre « moi et le chaos » — c'est un peu l'écho que l'on trouve dans les discours de part et d'autre, entre telle formule magique et telle autre — tout cela risque, je le crains, de faire en sorte que la première victime soit la vérité.

Il est donc impérieux, à mon sens, que des personnes lucides et pondérées, dans les deux camps, commencent à ménager le genre de relations dont M. Ryan a parlé, celles qui existaient entre Lafontaine et Baldwin: une relation d'égalité dans la dignité; de lucidité basée sur le concept, si vous voulez, des deux majorités, de majorités parallèles. (...)

Au-delà des étiquettes, au-delà de la tension aujourd'hui peu créatrice de cette polarisation, on trouve des gens qui souhaitent prévoir (...) la période d'après le référendum.

Je vous propose une méditation sous forme de film allé-

---

*Extrait d'une intervention lors de la 59e Assemblée annuelle de l'Association du barreau canadien, Ottawa, le 29 août 1977.

gorique, un film canadien qui tiendrait politiquement toutes les manchettes, et dont les scénaristes devraient tenter, avant tout, de maintenir ouvertes toutes les voies du dialogue, de fuir les insultes personnelles, de ne pas se brûler irrévocablement en s'attachant à une structure constitutionnelle qui ne peut être modifiée. Par contre, ces personnes devraient, dès à présent, faire un travail d'exploration, en toute franchise, avec des gens qui respecteront leur anonymat, indispensable pour l'instant. (...) Le rôle de ces scénaristes officieux serait donc de prévoir les conditions du climat post-référendaire qui permettraient un tel dialogue.

Je sais bien que, pour certains, il est encore trop tôt pour y penser. Le choc du 15 novembre (il a été plus grand pour le PQ que pour quiconque, à mon avis) nous autorise et même nous invite et nous force à envisager la reconstruction radicale du Canada.

Si l'on divise notre film national en deux parties, il y a d'abord une certaine génération d'acteurs qui doivent terminer leur scénario et leur numéro ; dans la deuxième partie, je pense qu'il faudrait probablement d'autres acteurs, peut-être quelques-uns des premiers ministres provinciaux... qui feront la grande reconstruction. Il est temps que les gens qui ont envie, de part et d'autre, de ménager cette issue, de ménager les possibilités d'une telle reconstruction, fassent tout, les uns et les autres, pour construire des ponts humains au-delà des orthodoxies officielles. (...)

Sans acrimonie ni amertume envers la piètre performance d'Ottawa dans la promotion de l'unité (ou de la désunion !) nationale, je pense vraiment que nous devrions retourner aux sources du Canada, à la façon dont il s'est initialement construit.

Si je me souviens bien — c'est presque de mon temps — le Canada des années 1860 était formé de colonies qui se sont regroupées, puis transformées en provinces, lesquelles provinces ont bâti ce qu'elles voulaient : un pays. Elles ont mis en commun ce qu'elles voulaient mettre en commun, et elles ont gardé en gros ce qu'elles voulaient garder ; puis les Britanniques ont estampillé le tout, plus ou moins : c'est comme ça que la Reine Victoria nous a largués dans les marécages de Bytown, aujourd'hui Ottawa. (...)

Il nous faut donc, à mon sens, chercher un forum entièrement nouveau pour la reconstruction nationale. Et sans être le moins du monde cavalier envers le rôle d'Ottawa, car Ottawa ne peut que jouer un rôle vital, je voudrais que nous re-méditions le modèle proposé par M. Robarts en 1967, celui d'un forum interprovincial auquel Ottawa serait invité. (...)

Quand on voit le genre de sadomasochisme qui finit par pervertir toutes nos conférences fédérales-provinciales, une telle approche contient quelque chose de fondamentalement nouveau : elle compte sur la saine chimie de l'interprovincialisme égalitaire, dont les Allemands font grand usage avec leurs Länder et qui marche fort bien au Canada au niveau du Conseil des ministres de l'Education. (...)

Si les provinces n'ont pas, jusqu'à présent, adopté cette approche, c'est par timidité et manque d'organisation ; je crois qu'elles ont négligé la chimie originelle du Canada, la créativité politique et constitutionnelle qui peut fleurir lorsque neuf ou dix gouvernements provinciaux (qui sont plus près du peuple, comme on dit toujours, qu'un gouvernement central ne le sera jamais) se réunissent et font table rase pour examiner le Canada à travers leurs prismes respectifs.

Ces propos ne fustigent ni les défaillances de Québec ni celles d'Ottawa ; ils essaient simplement de poser un regard frais sur le Canada avec seulement deux principes en tête, et auxquels il faut tenir quoi qu'il advienne : d'une part, les libertés individuelles et, d'autre part, une certaine forme d'égale dignité entre le Québec et notre société anglophone dans son ensemble. (...)

Ce qu'il nous faut faire, à mon avis, c'est adopter une approche résolument originale pour assurer aux Canadiens francophones cette solide égalité, après quoi l'indépendance—que les péquistes eux-mêmes appellent une simple modalité—deviendra réellement inutile.

Je pense que c'est cela que nous devons viser. Nous voilà revenus non seulement à Daniel Johnson, Lafontaine et Baldwin, mais à l'égale dignité,.à l'égalité entre les deux groupes linguistiques pour laquelle M. Trudeau se bat par des moyens différents.

Malgré de tapageux scandales, de déchirantes crises existentielles et d'énormes gaffes, la « tuyauterie » du bilinguisme dans les institutions fédérales a été plus ou moins mise en place : de manière à peu près irréversible, cette réforme linguistique est sur les rails.

Maintenant, à nous tous de régler le deuxième volet de l'équation anglaise-française d'André Laurendeau : la place du Québec au Canada, qu'il faut revoir d'un oeil neuf et sympathique. (...)

Table des matières

La composition de ce volume
a été réalisée par
les Ateliers de La Presse, Ltée

Imprimé au Canada